JN123492

はじめに

　本書は中学入試のための「歴史」の参考書、「合格」を手にするために書かれたものです。

　しかし、歴史の学習が中学入試だけで終わるはずはありません。われわれは絶えず自分が何者であるのかを考えます。「どこから来て、どこへ行くのか」という問いに答えを見出そうとするとき、一つの道標となるのが、過去を学ぶこと、歴史を学ぶことです。

　本書によって、受験生のみならず、もう一度歴史を学習したいと望む人々が歴史を学ぶ意義を知り楽しさを持ってもらうことを願ってやみません。

本書の特長

　各章の扉にその時代の学習の「ポイント」、「キーワード」、「年表」があります。「ポイント」で各時代のおおまかな様子をつかみます。「キーワード」は最重要語句となります。歴史の学習で大切なのは大きな流れをつかむこと。たえず、学習項目を「年表」で確認することが大切です。

　簡潔・明瞭である本文の説明をより立体的に学べるようにするため、写真・絵画・資料・系図を多用しています。

　「発展キーワード」はその時代をとらえるために重要な項目であり、本文の随所におかれています。

　「ステップアップ」は中学入試の中では発展的な項目も盛り込まれています。歴史への興味をさらに広げることができます。

　「歴史コラム」は中学入試をこえた、しかし、各時代の本質にかかわる事柄をおもに読み物形式で扱っています。将来の歴史の学習の基礎にもなりうるものです。

　中学入試の特徴の一つは時事問題が出題されることです。つまり「今」を学ぶことが大切です。本書はできうる限りの新しい項目を扱っています。しかし、「今」はたえず新しくなります。本書によって「今」の世界への眼差しを培ってください。

もくじ

啓明館が紡ぐ　日本の歴史　もくじ

第①章 旧石器〜飛鳥時代 — 7

① 日本の国の始まり ……8

1 日本のあけぼの……8
2 日本の文明のはじまり……9
3 小国の分立……11

② 古墳〜飛鳥時代 ……12

1 古墳の出現とヤマト王権……12
2 大陸文化の伝来……13
3 聖徳太子の政治……14
4 飛鳥文化……16
5 大化の改新……16
6 律令政治の完成……18
7 白鳳文化……20

第②章 奈良時代 — 21

1 平城京……22
2 聖武天皇と奈良の大仏……23
3 遣唐使……24
4 人々のくらし……25
5 律令政治の動き……26
6 天平文化と書物の編集……27

歴史コラム ①「日本国」の誕生は？　中国・朝鮮との関係は？………29
②侵略の危機と大宰府のおこりについて……30

第③章 平安時代 — 31

1 平安京遷都と桓武天皇の政治……32
2 新しい仏教……33
3 荘園(私有地)……34
4 嵯峨天皇の政治から藤原氏の摂関政治まで……34
5 地方政治の乱れと武士のおこり……35
6 平氏政権の全盛と最後……37
7 平安時代の文化……39

2

第1章 旧石器〜飛鳥時代

この章のポイント

ポイント

日本の歴史を学びましょう。旧石器時代から飛鳥時代まで、日本の土台がどのようにつくられてきたかをみていきます。

1 日本の国の始まり

1 日本のあけぼの 〔社会〕
キーワード　打製石器・岩宿遺跡

2 日本の文明のはじまり 〔文化〕
キーワード　縄文土器・弥生土器

3 小国の分立 〔政治〕〔社会〕
キーワード　邪馬台国・卑弥呼

2 古墳〜飛鳥時代

1 古墳の出現とヤマト王権 〔政治〕
キーワード　前方後円墳・ヤマト王権

2 大陸文化の伝来 〔文化〕
キーワード　渡来人・仏教

3 聖徳太子の政治 〔政治〕
キーワード　冠位十二階・十七条の憲法・遣隋使

4 飛鳥文化 〔文化〕
キーワード　法隆寺

5 大化の改新 〔政治〕
キーワード　中大兄皇子・中臣鎌足　公地公民・壬申の乱

6 律令政治の完成 〔政治〕
キーワード　大宝律令

7 白鳳文化 〔文化〕
キーワード　薬師寺東塔

年表

時代	年	できごと
旧石器時代	1万年以上前	ナウマンゾウなどをつかまえる
旧石器時代	1万年前	磨製石器や骨角器／日本が大陸からはなれる
縄文時代		縄文土器
弥生時代	前4〜3世紀	大陸から稲作が伝わる／農耕生活が始まる
弥生時代		弥生土器／青銅器や鉄器が伝わる
弥生時代	57	倭の奴国の王、中国へ使い
弥生時代	239	卑弥呼が魏に使いをおくる
古墳時代		ヤマト王権が国土を統一する
古墳時代		大仙陵古墳（大阪府堺市）／ヤマト王権は朝鮮半島進出
古墳時代		ヤマト王権の5人の大王／大陸文化が伝わる
飛鳥時代	538	百済から仏教が伝わる／（儒教・漢字など）大陸文化が伝わる
飛鳥時代	587	蘇我氏が物部氏を滅ぼす
飛鳥時代	589	隋が中国を統一
飛鳥時代	593	聖徳太子が摂政となる／聖徳太子が四天王寺を建立
飛鳥時代	603	聖徳太子が冠位十二階制定／十七条の憲法
飛鳥時代	604	聖徳太子が法隆寺を建てる
飛鳥時代	607	小野妹子ら遣隋使として隋へ
飛鳥時代	618	隋が滅び唐が中国を統一
飛鳥時代	645	大化の改新
飛鳥時代	672	壬申の乱
飛鳥時代	673	天武天皇即位
飛鳥時代	701	大宝律令完成

（紀元前／1〜3世紀／3〜5世紀／6世紀／7世紀／8世紀）

1 日本の国の始まり

1 日本のあけぼの

〈1〉 日本列島の成り立ち

　現在の中国大陸に北京原人（ペキンげんじん）が住んでいた洪積世（こうせきせい）（更新世（こうしんせい）、氷河期（ひょうがき）、およそ200万年前から数万年前）のころ、日本は大陸と陸続きでした。そのことは日本各地からナウマンゾウ、オオツノジカ、マンモスなどの動物の化石が発見されることによっても知ることができます。その後約1万2千年前から1万年前ころに、地球があたたかくなって氷河がとけ、海面が上昇（じょうしょう）して大陸から分離（ぶんり）し、今の日本列島の形になりました。

〈2〉 先土器（せんどき）（無土器（むどき））＝旧石器時代（きゅうせっき）

　1万年以上前、土器はまだつくられず、人々は石を打ち欠いてつくった打製石器（だせいせっき）を使い、狩りや漁（りょう）をしながら岩かげなどで生活していました。群馬県岩宿（いわじゅく）の赤土（関東ローム層（そう））の中から石器が発見され、日本にも旧石器時代があることがわかりました。

▲ 大陸と陸続きの日本のようす

発見

岩宿遺跡（いせき）の発見

　1946年、群馬県の岩宿で相沢忠洋（あいざわただひろ）という青年が、関東ローム層の赤土の中からひとつの石器を見つけました。この発見により土器をともなわない、旧石器の時代が日本列島にも存在したことが判明したのです。

発展キーワード

関東ローム層

　関東地方の地表の黒土の下に堆積（たいせき）した赤土。古いと言われる多摩（たま）ロームで20〜40万年前、比較的新しい立川ロームで1〜3万年前のもの。火山灰の厚い層に重なっており、この地層には遺跡（いせき）は存在しないという定説がありました。

◯ 打製石器

② 日本の文明のはじまり

〈1〉 縄文時代

　1万年ほど前から紀元前4〜3世紀ごろまで**約1万年**続いた時代。縄目の文様がついた**縄文土器**がつくられ、表面をみがいた**磨製石器**や**骨角器**などを使い、狩りや漁を行っていました。当時の人々は**たて穴住居**に住み、食べ物の残りかすなどを捨てた跡の**貝塚**※ができました。**土偶**もつくられました。

　縄やむしろをあてたような文様が多いことから、縄文土器の名がつけられました。

※ 東京都品川区で発掘された大森貝塚などがあります。

🔼 たて穴住居　一般の人々は鎌倉時代まで使用したといわれる。

🔼 土偶　お祈りなどに使われたとされている。

🔼 縄文土器（火焔型土器）　色は黒褐色がふつう。厚手であるが、もろい。

第1章

発展キーワード

三内丸山遺跡

　三内丸山遺跡（青森市）には、紀元前3500年ころから約1500年間続いた縄文時代の遺跡があります。たて穴住居や大型建物の跡が、墓地やごみすて場とは別の場所で見つかり、むらづくりは計画的であったことがわかります。

発展キーワード

縄文晩期の農業

　水田農業以前の原始農耕が、縄文時代の終わりには始まっていた、と言われています。焼畑などをしてヒエ・キビ・マメなどを栽培していたと考えられています。福岡県の板付遺跡からは縄文時代終わりころの水田跡に田や水を引くための水路の跡などが見つかっています。近年、弥生時代の幕開けは紀元前1000年ころとする説が発表され、従来の定説がゆらぎつつあります。

◆ 稲作の伝わった経路

◆ 石包丁　稲の穂をつむのに用いた。

〈2〉弥生時代 （紀元前4〜3世紀ごろから紀元後3世紀ごろ）

　稲作が大陸（中国・朝鮮）から伝わり、水田近くにむらをつくって定住しました。米の保管のために**高床倉庫**がつくられました。静岡市の**登呂遺跡**には当時の水田跡の畔が残っています。奈良県の**唐古・鍵遺跡**や佐賀県の**吉野ケ里遺跡**も有名です。また、銅鏡・銅剣・銅たくなどの**青銅器**や武器・工具として用いられた**鉄器**が大陸から伝わり、うすくてかたい**弥生土器**がつくられ、**磨製石器**も使われました。

　稲作と金属器が弥生時代の象徴とされていますが、稲（米）の栽培は縄文後期から始まっていた（福岡県板付遺跡など）というのが定説となりつつあります。

　このころから貧富の差ができ、豪族があらわれて周りのむらをしたがえ、**くに**（国）が生まれました。

◆ 銅たく（荒神谷遺跡出土）

◆ 銅剣（荒神谷遺跡出土）

◆ 銅矛（荒神谷遺跡出土）

◆ 弥生土器　縄文土器にくらべてはるかに薄手だが、高温で焼かれ、明るい感じの土器。文様がないものが多く、大半は幾何学模様。

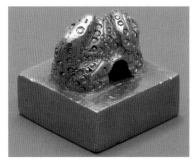

③ 小国の分立

〈1〉 紀元前後ころの日本

　紀元前後ころの倭（日本）は 100 余りの国に分かれ、中国に定期的に使いをおくりました。このことは『漢書』地理志という中国の書物に記録されています。

〈2〉 倭（日本）の奴国

　1 世紀中ごろ、奴国の王が中国の後漢に使いをおくり、光武帝という皇帝から金印をうけました。このことは、『後漢書』東夷伝という中国の書物に記録されています。江戸時代、福岡県博多湾の志賀島で金印が発見されました。そこには「漢委奴国王」と刻まれています（イト国王という説もあります）。

⬤ 漢委奴国王の金印

〈3〉 邪馬台国

　3 世紀ごろ、女王卑弥呼が 30 余りの小国を統一し、239 年に使いを中国の魏へおくり、皇帝から金印や銅鏡などをさずけられ、「親魏倭王」の称号をもらいました。このことは『魏志』倭人伝という書物に記録されています。

　邪馬台国の位置については、北九州説と畿内の大和（奈良県）説があります。

邪馬台国の様子

（社会）　倭の男子はいれずみをし、婦人は長い毛をおさげにむすび、衣服は布の中央に穴をあけて頭をとおす簡単なものであったといいます。稲や麻をつくり、養蚕や織物をしていたといいます。

（内乱）　邪馬台国はもともと男子を王にしていましたが、国内が乱れて何年も戦いが続きました。そこで諸国が共同して、ある女性を王としました。その名を卑弥呼といいます。

（卑弥呼）　占いの術がたいへん上手で、人々を従えていたといいます。王になってからはその姿を見たものはなく、女の奴隷を千人使い、つねに兵が厳重にまもっていました。

（卑弥呼の死）　卑弥呼が死んだとき、いっしょに埋められた奴隷が百人ほどいました。男の王をたてましたが、国はおさまらないので戦乱になり、そこで卑弥呼の血筋の壱与という 13 歳の女性を王としてたてたら、国はついにおさまったといいます。

2 古墳〜飛鳥時代

1 古墳の出現とヤマト王権

△ 前方後円墳の代表…大仙陵古墳

埴輪

埴輪は古墳の外側の土の上に立てられた素焼きの土製品で、円筒埴輪と形象埴輪の2種があります。円筒埴輪は古墳の周囲や中腹に並べられ、形象埴輪は古墳時代中期（5世紀）に発達した人物・動物・家・船・武具などをかたどったものです。

〈1〉古墳文化

4〜7世紀。古墳は土を高くもりあげてつくった天皇や豪族たちの墓で、円墳・方墳や大仙陵古墳（仁徳天皇陵）に代表される前方後円墳などがあります。前方後円墳は日本独特の形といわれていましたが、近年、朝鮮半島で小型のものが発見されています。

古墳の周りや頂上には土でつくった埴輪がならべられ、内部にはほうむられた人とともに、副葬品がおさめてあります。

△ 埴輪

〈2〉ヤマト王権の成立

4世紀前半ごろに国土を統一したといわれます。
大王を中心とした大和地方の豪族たちによる連合政府は、ヤマト王権[※]とよばれました。

※ヤマト政権、大和王権、大和政権ともよばれます。

〈3〉氏姓制度

ヤマト王権は、氏（祖先を同じくする豪族の集団）と姓（政治的地位）にもとづく政治のしくみ（氏姓制度）をつくり、

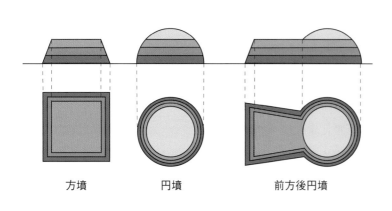

方墳　　　円墳　　　前方後円墳

△ 様々な古墳

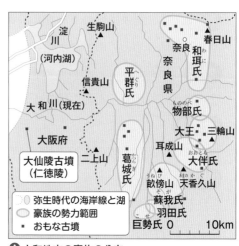

△ 大和地方の豪族の分布

蘇我氏、物部氏などが分担して政治を受け持ちました。これは大化の改新の時に廃止されました。

② 大陸文化の伝来

〈1〉大陸からの渡来人

渡来人によって鉄製農具・機織り・養蚕・焼き物（須恵器：かたい質の土器）・土木などの技術が伝来しました。5世紀には、漢字や儒教などの知識が伝えられます。『古事記』によると、漢字や儒教の伝来は、応神天皇（5世紀の初め）のときに、朝鮮の百済から王仁や阿知使主が来朝して『論語』や『千字文』を献じたのが最初だとされています。

〈2〉仏教の伝来

6世紀中ごろ、インドのシャカの教えである仏教が百済から伝えられ、仏像や経典が朝廷におくられました。538年に百済の聖明王が仏像・経典を欽明天皇のもとにおくりとどけたのです。これが仏教の公式の伝来とされます。『日本書紀』によれば、大臣の蘇我稲目は仏教を信じ、大連の物部尾輿はこれに強く反対したといわれます。2氏の対立は政治上の争いに発展し、蘇我馬子と物部守屋にひきつがれました。

△のぼりがま

須恵器は、朝鮮から伝来したうすくてかたい土器です。丘の斜面などを利用したのぼりがまで焼いてつくられました。

△4世紀末〜5世紀初めの朝鮮半島

ヤマト王権の成立時期 好太王（広開土王）碑文

日本の歴史 ステップアップ！

5世紀のはじめ高句麗の好太王の事業を後世に伝えるため王の死後碑文が建てられました。それによると倭は391年、海を渡って半島に攻め入り、平壌付近まで北進し、高句麗に撃退されたと記されています。ヤマト王権がこのような大規模な朝鮮出兵を行うためには国内の統一を終えてからすくなくとも半世紀ほどの準備期間が必要ですから、国内統一の時期については4世紀前半説や3世紀後半説が有力となりつつあります。

ヤマト王権をとりまく国際情勢

3世紀末から4世紀にかけて朝鮮半島の北半分を高句麗が統一し、南の方には新羅と百済が建国されました。これに対してヤマト王権は、4世紀半ばすぎに百済と交渉を持つようになり、半島に進出しました。また、伽耶（加羅）の地を「任那」と呼び、深く交流し、鉄資源の供給地としました。5世紀にはヤマト王権の大王（倭の五王）は中国の南朝に使いをおくり、中国との結びつきを強めて、半島での形勢を有利に導こうとしていました。

発展キーワード

摂政

天皇が 幼 いときや、女性の天皇のときに、天皇を助けて政治を行う役職、またはそれを行う人のことをいいます。593年、聖徳太子が摂政となったのが最初です。

③ 聖徳太子の政治

中国では、589年に隋が国土を統一し、強大な帝国をつくりました。その後内乱が起こって滅び、618年に唐が中国を統一しました。また朝鮮半島では新羅が勢いを強め、562年、伽耶は新羅に滅ぼされ、日本は朝鮮半島での勢力を失いました。

日本では地方の豪族が反乱を起こし、朝廷では豪族たちの争いがくり返されます。587年、**蘇我氏**が物部氏を滅ぼし、天皇と並ぶ大きな勢力をもつようになりました。

こうした情勢下で国内改革の必要性が高まってきました。日本最初の女帝である推古天皇の**摂政**として**聖徳太子**（厩戸皇子，厩戸王）は、大臣蘇我馬子とともに国政にあたりました。彼がめざしたのは、中国の隋にみられるような天皇中心の中央集権国家でした。

〈1〉冠位十二階の制度

603年、役人の位を12に分け、家がらだけにとらわれず、

聖徳太子は実在した？

厩戸王の実在は事実であるが、聖徳太子の実績は歴史的に作り上げられたものであるという説があります。聖徳太子についての史料には大きく分けて『日本書紀』と「法隆寺系」の諸史料があるのですが、『日本書紀』には「法隆寺系」の諸史料で語られている出来事がほとんど記述されていないことから、現在の聖徳太子のイメージを形作っているものは『日本書紀』以降に作為的に書かれた史料なのではないか、というものです。もちろん、反論もあります。

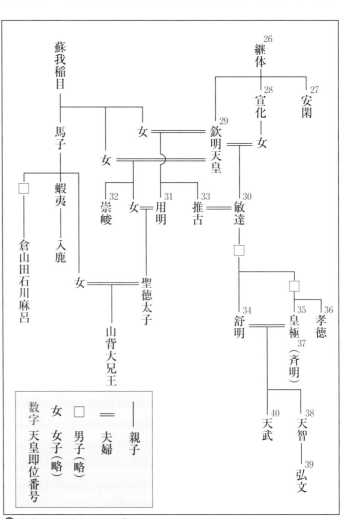

▲蘇我氏と聖徳太子の略系図

才能や手がらのある人を取り立てるようにしました。

〈2〉十七条の憲法

太子は604年、**十七条の憲法**で天皇の地位を明らかにし、役人が政治を行う心構えを示しました。

〈3〉仏教の奨励

太子は仏教をあつく信仰し、四天王寺・法隆寺などを建てました。

〈4〉遣隋使

607年、**小野妹子**らを使者（**遣隋使**）として中国の隋におくり、対等のつきあいをめざしました。「日の出づる国の天子が、日の沈む国の天子に手紙を送ります。お元気ですか。……」と国書に書かれていました。隋の皇帝はおこりましたが、使いを日本に送りました。また、多数の留学生も同行させ、政治のしくみや学問、技術を学ばせました。後に大化の改新で活躍する高向玄理や南淵請安・僧旻なども同行しています。

発展キーワード
聖徳太子

太子は、蘇我氏の血統である父の用明天皇と、やはり蘇我氏の血統の母との間に生まれた蘇我氏の血の結晶でした。推古・太子・蘇我馬子の三者は血縁を軸とした結合によって権力集中を成しとげようとしたのでした。

資　料

冠位十二階の制度（603年）

位階名	大徳	小徳	大仁	小仁	大礼	小礼	大信	小信	大義	小義	大智	小智
冠色	紫		青		赤		黄		白		黒	

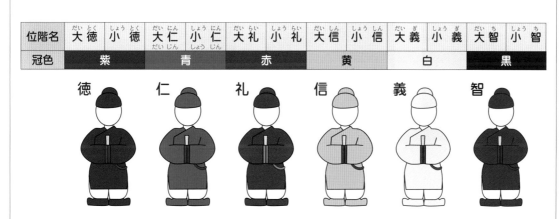

徳　仁　礼　信　義　智

十七条の憲法（604年）

一、人との和をたいせつにし、争いごとのないようにしなさい。
二、あつく三宝をうやまいなさい。三宝とは、仏・法（仏教の教え）・僧である。
三、天皇の命令には、必ず従うこと。
　　　⋮
　　　⋮
十七、重要なことは一人で決めず、必ずみんなで話し合うこと。

▼建築：
法隆寺金堂・五重塔・中門・歩廊
（回廊）
▼彫刻：
法隆寺金堂釈迦三尊像 [金銅像]
法隆寺百済観音像 [木像]
法隆寺夢殿救世観音像 [木像]
中宮寺半跏思惟像 [木像]
広隆寺半跏思惟像 [木像]
▼絵画：
法隆寺玉虫厨子須弥座絵・扉絵
▼工芸：
法隆寺獅子狩文様錦
法隆寺玉虫厨子
中宮寺天寿国繍帳（断片）

⬣ 飛鳥文化の代表例

④ 飛鳥文化

〈1〉仏教の保護

　聖徳太子は、仏教を深く信仰しました。

〈2〉飛鳥文化

　飛鳥文化は奈良盆地南部の飛鳥地方を中心に発達し、仏教を中心としています。彫刻・美術工芸品などには、中国やインド・ギリシアなどの文化の影響も見られます。

〈3〉法隆寺

　607 年に聖徳太子が建てた法隆寺は、現存する世界で最も古い木造建築物です。法隆寺全体がユネスコの世界文化遺産に登録されています。

⬣ 法隆寺金堂の釈迦三尊像

⬣ 法隆寺（全景）

⑤ 大化の改新

〈1〉政治の改革

　聖徳太子が世を去ると、蘇我氏の勢いは天皇家をしのぐほどになり、蘇我蝦夷・入鹿の行いは目にあまるようになりました。643 年には太子の子である山背大兄王一族をおそい、全滅させるという事件まで起こします。

　また、中国大陸では 618 年、唐が国内を統一し、律令制を

ととのえ強力な中央集権国家をつくりあげていました。そのことが、唐から帰国した留学生によって伝えられると、唐にならった新しい国家体制をうちたてようとする動きが高まりました。

そのような中、645年、**中大兄皇子**（のちの天智天皇）や**中臣鎌足**（のちの藤原鎌足）らは、蘇我入鹿を滅ぼします。この年、**大化**という元号を定め、中国（唐）から帰国した留学生の知識を得て、新しい政治のしくみづくりを進めました。「大化」は日本最初の元号でした。

〈2〉改革の四大綱目

①公地公民のきまり

改革の基本方針で、皇室や豪族の持っていた土地・人民は、すべて朝廷のものとなりました。氏姓制度による私地・私民は廃止されました。

②国司・郡司制などの地方政治の確立

全国を畿内・七道にわける。地方を国・郡・里にわけ、国司・郡司・里長に治めさせる。

防人・駅家・伝馬をおく。

③戸籍・計帳（税をとるための台帳）をつくり、班田収授を行う。

④租・調・庸などの租税を定める。

〈3〉改新政治の進展

中大兄皇子は改新の政治を進めました。阿倍比羅夫が蝦夷遠征に出たのは、このころです。朝鮮半島では新羅が統一をすすめ、660年、唐と組んで百済を滅ぼします。日本は百済再興のため軍をおくりますが、663年、**白村江の戦い**で敗れ、朝鮮半島から退きました。

その後、日本では中大兄皇子は新羅や唐の反攻にそなえて、大宰府に水城を築き、対馬・筑紫など九州北部に防人をおき、山城も各地に築かれました。667年には都を近江（今の滋賀県）の大津に移しました。668年、白村江の敗北に危機感を深めた中大兄皇子は、即位して**天智天皇**となり、わが国最初の令である近江令（存在を疑う説もあり）を定め、また全国の戸籍をつくり、内政の充実をはかりました。

しかし、即位わずか3年で死去してしまい、その後、律令制を強力に推し進めたのは**天武天皇**でした。

発展キーワード

改新の詔

「日本書紀」には646年に4カ条からなる「改新の詔」が出されたと書いてありますが、その信憑性には様々な論議があります。

▲7世紀ごろの中国・朝鮮半島

年	都	天皇
	❶飛鳥宮	推古
645	❷難波宮	孝徳
655	❸飛鳥宮	斉明
667	❹大津宮	天智
672	❺飛鳥浄御原宮	天武
694	❻藤原京	持統
710	❼平城京	元明
740	❽恭仁京	聖武
744	❾難波宮	聖武
744	❿紫香楽宮	聖武
745	⓫平城京	聖武
784	⓬長岡京	桓武
794	⓭平安京	桓武

▲遷都の歴史

▲古代の都の移り変わり

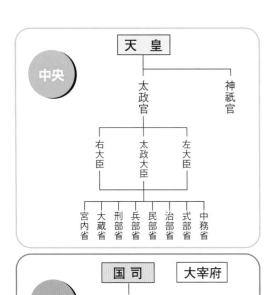

▲律令政治のしくみ

〈4〉壬申の乱　天武天皇の登場

　天智天皇がなくなると、672年天皇の位をめぐって、天智天皇の息子大友皇子と弟大海人皇子との争いがおきました。これを**壬申の乱**といいます。この戦いに勝った大海人皇子は即位して**天武天皇**となりました。天武天皇は天皇の地位をさらに強化し、皇后（次の天皇である持統天皇）や皇子とともに力をあわせて、改新の政治を強くおし進めました。天武天皇は八色の姓を制定し、稗田阿礼に命じて国史の編纂に着手させました。のちにこれは『**古事記**』『**日本書紀**』となって実をむすびました。天皇という名称の定着も天武天皇からといわれています。また、日本最初の貨幣である**富本銭**もこのころにつくられました。

6 律令政治の完成

〈1〉大宝律令の完成

　天武天皇が飛鳥浄御原令の編集を開始し、持統天皇のときに、施行されました。そののち701年、文武天皇のとき、その集大成ともいえる**大宝律令**が完成し、ここに律令国家が完成しました（律は刑罰に関するきまりで今の刑法、令は政治を行ううえでのきまりで、今の行政法・民法にあたります）。

　大宝律令は、中国（唐）の法律を手本にしたもので、刑部親王・**藤原不比等**によってつくられました。718年には少し手直しした養老律令がつくられました。これ以後長く、律令にもとづく政治が行われました。

〈2〉政治のしくみ

有力な豪族（ごうぞく）が天皇から高い位をさずけられて貴族となり、役人として朝廷の政治を行いました。全国を国・郡・里にわけ、**国司**（こくし）・**郡司**（ぐんじ）・**里長**（さとおさ（りちょう））という役人を任命しました。

〈中央官制〉…二官八省（かん しょう）（二官は神祇官（じんぎかん）と太政官（だいじょうかん））

〈地方官制〉…全国を畿内七道に分け、その中を国・郡・里に分け、国司・郡司・里長を配置。国司は中央の貴族が交替（こうたい）で赴任（ふにん）。郡司は在地の豪族が任命されました。

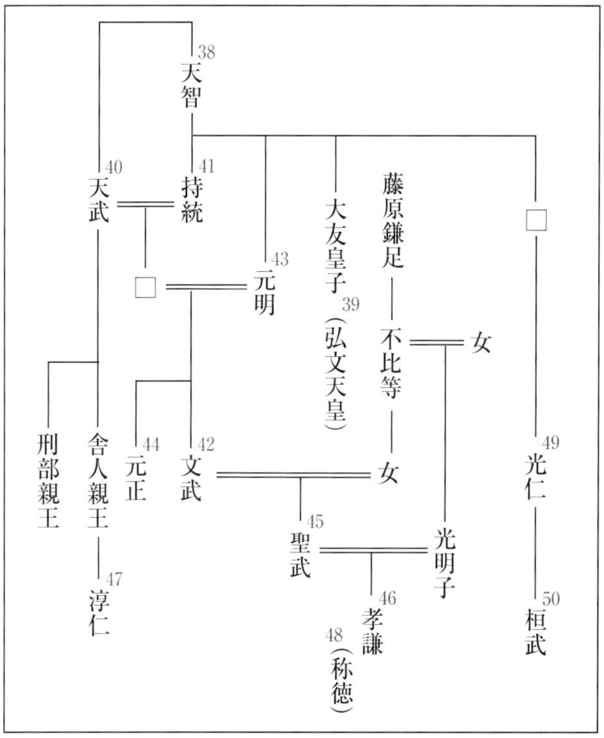

△天智天皇から桓武天皇までの略系図

〈3〉班田収授法（はんでんしゅうじゅのほう）

人々は男女とも６歳になると、国家からあたえられた土地（**口分田**（くぶんでん））を耕（たがや）し、死ぬと国家に返しました。口分田は男子は２反（たん）（約 23 a（アール））、女子はその３分の２でした。これを実施するために、田地には条里制（じょうりせい）という地割（ちわ）りがほどこされました。

〈4〉税とみつぎもの

租（そ）はあたえられた土地の面積に応じて稲の収穫（しゅうかく）高の３％をおさめる税で、地方の財源（ざいげん）になりました。

地方の産物をおさめるのが**調**（ちょう）で、土木工事で働くかわりに布（ぬの）をおさめるのが**庸**（よう）とよばれ、ともに中央の財源になりました。

国司のもとでの労働のわりあては雑徭（ぞうよう）とよばれ、貴族（きぞく）たちの給料や役所・寺を建てる時の費用や労働にあてられました。

資　料

農民の負担一覧

	口分田	租	調	庸
唐	男 18 ～ 59 歳　440a 男 60 歳以上　220a 妻・奴婢（ぬひ）には支給しない	穀物	布	労働（布）
		男 16 歳以上のみに一定税率		
日本	男 6 歳～終身　23.4a 女 6 歳～終身　15.6a 私奴婢・家人の男 7.8a, 女 5.2a	口分田受給者全員に収穫物の約3%	男17～65歳に糸や布や特産品	男21～65歳 麻布

〈5〉兵役の義務

都の警備として近畿周辺の農民が衛士として配置されました。また、外敵に備える兵士として九州の守りにつく**防人**がいました。馬のあつかいになれているということで、東国の農民が選ばれ、防人が３人出ればその負担で村（里）がつぶれるといわれました。

7 白鳳文化

天武天皇と持統天皇の時代を中心にした文化を白鳳文化といいます。初唐の影響をうけた清新な感じのする文化で、代表的なものに、薬師寺東塔・興福寺仏頭・法隆寺金堂壁画・高松塚古墳壁画などがあります。

▼建築：
薬師寺東塔
▼彫刻：
興福寺仏頭［金銅像］
薬師寺金堂薬師三尊像［金銅像］
▼絵画：
法隆寺金堂壁画
高松塚古墳壁画

🔺白鳳文化の代表例

🔺薬師寺東塔

🔺高松塚古墳壁画（高松塚古墳壁画西壁女子群像）

第 ② 章
奈良時代

この章のポイント

前章からの流れ

　ヤマト王権は、聖徳太子や天智天皇らによって徐々に、国としての形がつくられていきました。

ポイント

　奈良に都が移され、いよいよヤマト王権の政治体制が強められていきます。どんな方法で体制づくりをしたのでしょうか。仏教や政界に進出しはじめる貴族のことも学びましょう。

1 平城京	政治 社会
キーワード 元明天皇・和同開珎	

2 聖武天皇と奈良の大仏	政治 文化
キーワード 東大寺大仏・国分寺・国分尼寺	

3 遣唐使	政治 文化
キーワード 阿倍仲麻呂・鑑真・唐招提寺	

4 人々のくらし	社会 文化
キーワード 租・調・庸・防人	

5 律令政治の動き	政治
キーワード 三世一身の法・墾田永年私財法	

6 天平文化と書物の編集	文化
キーワード 東大寺正倉院・校倉造・古事記・日本書紀・万葉集	

7世紀	8世紀
飛鳥時代	奈良時代

630	708	710	712	713	720	723	735	741	743	752	8世紀の終わり
第1回遣唐使を唐に送る	和同開珎が発行される	都を奈良の平城京に移す	『古事記』の完成	『風土記』がつくられる	『日本書紀』の完成	三世一身法	天然痘により多くの人が病死	国分寺建立の命	聖武天皇が大仏づくりを命じる 墾田永年私財法	大仏の完成式が行われる 正倉院宝庫がつくられる 天平文化	『万葉集』の完成

奈良時代

▲平城京と奈良市

発展キーワード

木簡

文字を記した木の札が、情報の伝達に用いられました。この木の札のことを木簡といいます。木簡は文書としてだけでなく、地方から都に送られる特産物につける荷札としても用いられました。藤原京や平城京の跡から、これまでに多数発見されており、当時の生活の実態を示す重要な史料となっています。

1 平城京

〈1〉平城京の誕生

天武天皇の皇后であった持統天皇は、大和の南部に藤原京をつくりました。このあとをうけて、**元明天皇**（文武天皇の母）は710年（和銅3年）、奈良に唐の都**長安**（現在の西安）をまねた都をつくりました。これを**平城京**といい、784年まで続きます。

平城京は、広い道路によってごばんの目のように区画されました（条坊制）。北部には宮城（大内裏）がおかれ、これを中心に中国風の寺や貴族の屋敷が建ちならびました。

「あをによし　奈良の都は　咲く花の　にほふがごとく　今盛りなり」（『万葉集』）と歌われるほどの優美さでした。

〈2〉市の始まり

平城京の東西には官営の**市**が開かれ、各地の特産物が売り買いされ、役人に支給される布や糸などがここで交換されました。

〈3〉銭の奨励

元明天皇のときの708年、武蔵国秩父から銅が献じられ、朝廷はこれをよろこび、年号を和銅と改め、**和同開珎**がつくられました。日本最古の銭といわれていましたが、近年、「**富本銭**」というさらに古いお金が発見されています。

政府は銭の流通を奨励し、711年、**蓄銭叙位令**を出しましたが、当時は物々交換や布を現在のお金代わりにしていたので、銭はあまり流通しませんでした。

▲和同開珎

▲富本銭

〈4〉国土の広がり

　北は東北地方、南は九州の南の島々にまで朝廷の政治の力が及びました。日本海側には712年、出羽国がおかれ、太平洋側では聖武天皇の天平年間に、宮城県の多賀城に鎮守府や国府がおかれました。また隼人(古代九州南部に居住していた人々)の本拠のあった九州の大隅・薩摩には大隅国がおかれました。種子島・屋久島・奄美大島や琉球諸島からもみつぎものが運ばれてきました。これらの島々は遣唐使の宿泊地として必要とされたところでした。

② 聖武天皇と奈良の大仏

〈1〉不安な世の中

　当時は各地で災害や反乱が起こり、奈良の都では貴族の勢力争いや天然痘の流行などで、生活がおびやかされ不安な世の中がつづきました。長屋王の悲劇や橘氏の興亡などがそれを物語っています。

〈2〉国分寺・国分尼寺

　そこで**聖武天皇**は仏教を深く信じ、仏の力で国を守ろうとしました。

　これを鎮護国家の教法といい、争いをしずめ国を守る手だてを教えるものとしておおいに盛んになりました。741年には、国ごとに**国分寺・国分尼寺**をおくことを命じ、都には総国分寺として**東大寺**を建てます。

　743年には、東大寺本尊の**大仏**づくりを命じ、752年に完成しました。このため、大量の銅・金・木材などの物資と多数の人員が都に送られました。

〈3〉悲田院・施薬院

　藤原不比等の娘である光明子は聖武天皇の皇后となり、**悲田院・施薬院**を設けました。

　また、薬師寺の僧の**行基**は、民間に仏の教えを広め、橋・道路・池の建設など、土木工事に力をつくしながら大仏づくりに協力しました。

発展キーワード

行基の布教

行基は百済系氏族から分派した高志氏の出身で、河内に生まれました。彼は民間布教の道を選び、律令体制の確立の中で苦しむ農民の救済のため農村に入っていきました。弟子を率いて自ら渡来系氏族の身についた技術を駆使して、橋をかけ、堤防をつくり、餓死の危険のある者を収容する施設を建てました。初めはげしく弾圧した政府も、その事業を評価する方針に変わり、745年に大僧正となり、死ぬまで東大寺完成に尽力したといわれます。

③ 遣唐使

阿倍仲麻呂

阿倍仲麻呂は717年、留学生として唐にわたり、玄宗皇帝に重く用いられました。そのため留学に来た吉備真備や僧玄昉が帰国する際に帰国が許されませんでした。753年、36年ぶりに故郷に帰る仲麻呂と交流のあった詩人李白は送別に詩をおくりました。仲麻呂もまた人々の前で「天の原　ふりさけみれば　春日なる　三笠の山に　いでし月かも」と詠みました。しかし彼ののった船は安南（現在のベトナム）に流され、結局唐の地で一生を終えました。

〈1〉新しい文化を求めて

遣唐使は630〜894年の間に十数回送られ、使者や同行した留学生が唐の制度や文化を伝えました。当時は造船術・航海術が未熟なため、途中で遭難することも多かったようです。

▲ 遣唐使の航路

吉備真備は、留学生、のち遣唐使副使に任命されました。

阿倍仲麻呂は、留学生として唐にわたりましたが帰国できず、唐にとどまって役人となり、一生を終えました。

◀ 復元された遣唐使船
（呉市提供）

他には桓武天皇の時代に派遣された者に最澄、空海などがいます。

日本の歴史 ステップアップ 遣唐使の苦労と役割

630年に犬上御田鍬が遣唐使として派遣されて以来、9世紀末にいたるまで、18回の遣唐使が任命され、実際に派遣されたのは15回（12回説もある）ほどです。

当時は造船技術・航海技術が未熟なため遭難することも少なくなかったといいます。あるとき115名が乗船した遣唐使船が出ましたが、東南アジアの崑崙国に漂着してしまい、兵にとらえられてしまいました。そこでほとんどの人が、殺されたり、逃亡したり、また疫病で死に、結局4人のみが生き残ったという記録もあります。しかし多くの犠牲をともないながらも、入唐した遣唐使たちは長安におもむいて先進的な政治制度やインド・ペルシア・西ヨーロッパにおよぶ国際的な文化を吸収することができたのです。

〈2〉鑑真

　鑑真は唐の僧で、失明しながらも6回目でようやく来日し、奈良に**唐招提寺**を建てて僧侶たちに正しい仏教の教えを指導しました。

発展キーワード

失明した聖者 — 鑑真

鑑真は688年唐の長江河口近くの揚州で生まれ、仏教を学びました。彼は日本からの要請をうけて渡日を決意しますが、難破などで5回も渡海に失敗し、失明してしまいます。しかし753年ついに渡日に成功し、翌年大仏殿の前に戒壇をもうけ、のちに唐招提寺に移りました。鑑真の大切な任務は日本に戒律を伝えることにありました。正式な僧侶になるには、まず得度して修行し、のちに受戒をすることが必要とされるのですが、日本の僧侶たちは受戒の際に重要な戒律のあり方を鑑真にならったのでした。

④ 人々のくらし

〈1〉かわってきた農民のくらし

　このころ豊かな農民の間には、鉄製の農具がしだいに広がり、稲の収穫は少しずつふえてきました。農民の家はたて穴住居から、しだいに穴をほらずに平地に建てる家にかわっていきました。

〈2〉重い税と農民

　農民たちは**租・調・庸**などの重い税や労役・兵役などに苦しみ、税負担をまぬがれる動きが起こり、よその土地へにげ出す者が出てきました。また、戸籍調べの時に男を女といつわって税を逃れる者もいました。彼らは国司や豪族から稲をかりてしのいでいたのですが、秋には高い利子をつけて返さなければなりませんでした。農民は調・庸の品物を都まで運んでおさめたり、働き手を**防人・衛士**などの兵士として差し出さなければなりませんでした。

　このころの農民の苦しい生活の様子は、万葉集におさめられている**山上憶良**の「**貧窮問答歌**」にくわしくえがかれています。

発展キーワード

山上憶良——下っ端貴族のなげきとやさしさ

広い学識を持つ憶良は702年遣唐使として唐にわたり、704年に帰国しました。長屋王や大伴旅人らとも親しく交わったといわれますが、しかし経歴上は典型的な下級貴族だったのです。出世の望みを絶たれた憶良は、家族を愛したり、貧窮農民を見守る温かい心をもつようになりました。代表作「瓜はめば子ども思ほゆ栗はめばましてしのばゆ」の作品にそのやさしさがにじみ出ているようです。

資　料

貧窮問答歌

……かまどには　火気（ほけ）ふき立てず　甑（こしき）には　蜘蛛（くも）の巣かきて　飯炊（いいかし）く　事も忘れて　ぬえ鳥の　のどよひをるに　いとのきて　短き物を　端きると　いへるがごとく　楚（しもと）取る　五十戸良（さとをさ）が声は　寝屋戸（ねやど）まで　来立ち呼ばひぬ　かくばかり　術（すべ）なきものか　世間（よのなか）の道。

5 律令政治の動き

〈1〉社会の動揺

　8世紀初め、藤原氏の進出で政治体制はくずれ始めます。鎌足の子不比等の二人の娘は、文武天皇妃・聖武天皇妃として藤原氏の勢力を強めました。不比等の四子は南家・北家・式家・京家に分家し、皇族勢力の代表である長屋王は、これら四子のはかりごとによって自殺させられました（729年、長屋王の変）。しかし、当時流行した天然痘によって四子は死に、再び皇族出身の橘 諸兄がたちました。これに対し、式家の藤原広嗣が大宰府で挙兵しますが、殺されました。

〈2〉土地私有制の始まり

　この間、長屋王のもとで722年、百万町歩開墾計画がたてられましたが失敗します。しかし、口分田の不足が深刻になり、723年、**三世一身法**がつくられました。これは三代の間に限って開墾した土地の私有を認めたものでした。さらに橘諸兄のもとで743年、**墾田永年私財法**がつくられました。これは開墾した土地の永久私有を認めたものでしたので、ここに公地公民の原則はくずれ始めました。こうして私有地が増加し、のちの荘園のおこりとなります。

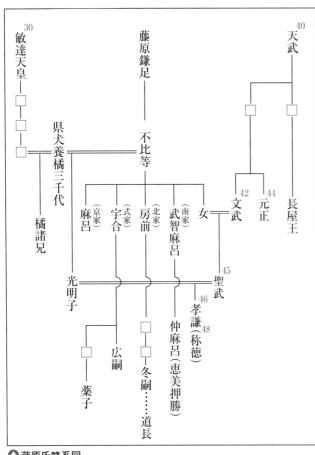

▲藤原氏略系図

資　料

三世一身法
　養老7年（723年）4月，太政官は次のように天皇に申し上げた。「このごろは人口がふえて，口分田が少なくなってきました。そこで，人々に田を開墾させようと思います。そして，新しく開墾した者には三世代まで，また，荒れた田を開墾し直した者には本人一代にかぎり，私有を認めることにしたいと思います。」

墾田永年私財法
　天平15年（743年）5月，聖武天皇が次のような命令を出した。
　「聞くところによると，開墾した田は三世一身の法によって，期限がくると返さなければいけないため，農民は耕作をせず，開墾した土地がまた荒れてしまうという。これからは，土地の私有を認め，永久に私有することを許す。」

6 天平文化と書物の編集

〈1〉 全盛期の唐と仏教の影響

　天平文化は、聖武天皇のころ全盛期の唐の文化と仏教の影響を強くうけた国際色豊かな仏教文化です。

〈2〉 校倉造の正倉院

　正倉院はもともと東大寺の倉で、大仏完成式に使われた品々や聖武天皇の遺品など1万点あまりがおさめられています。この建物は校倉造で有名です。

△正倉院

△唐招提寺金堂

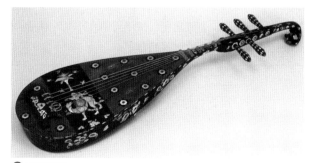
△五絃琵琶

△鑑真像

発展キーワード

正倉院の宝物

服飾・調度品・楽器・武具など様々なものがふくまれ、また唐だけでなく、遠くシルクロードを経た西アジアや南アジアの影響を受けた品々もみられ、当時の宮廷生活の文化水準の高さと国際性をうかがうことができます。

第2章

> ▼建築：
> 唐招提寺金堂
> 法隆寺夢殿
> 東大寺法華堂
> 正倉院
> ▼彫刻：
> 唐招提寺鑑真像 [乾漆像]
> 東大寺法華堂日光・月光菩薩像 [塑像]
> 興福寺阿修羅像 [乾漆像]
> ▼絵画：
> 正倉院の樹下美人図（鳥毛立女屏風）
> ▼工芸：
> 正倉院の螺鈿紫檀五絃琵琶

△天平文化の代表例

〈3〉書物の編集

　日本の国の歴史を明らかにするため、712年に『古事記』、720年に『日本書紀』が天皇の命令でまとめられました。前者は稗田阿礼がおぼえていたものを集め、太安万侶が完成させました。後者は舎人親王を中心として完成しました。

　また8世紀の初め、地方の国ごとに産物・伝説・自然などが書かれた『風土記』がつくられました。現在は出雲など5か国の風土記が残っています。

　8世紀の終わりごろには、約4500首の和歌を集めた『万葉集』がつくられました。これには漢字の音訓を巧みに組み合わせて日本語を記す「万葉がな」が用いられています。代表的な歌人としては、柿本人麻呂・山部赤人・山上憶良・大伴家持・額田王らがいます。

　当時の貴族の教養として大切なのは、儒学と漢文学を身につけることでした。751年には日本最初の漢詩集『懐風藻』が撰集されました。

六国史	成立年代	天皇	編者
日本書紀	720	元正	舎人親王
続日本紀	797	桓武	藤原継縄
日本後紀	840	仁明	藤原緒嗣
続日本後紀	869	清和	藤原良房
日本文徳天皇実録	879	陽成	藤原基経
日本三代実録	901	醍醐	藤原時平

🔺 日本書紀以降に作られた正史（六国史）

古事記・日本書紀

　これらの書物にみられる神々の物語は、天地の始まりからはじまって、イザナギ・イザナミによる国生み、天の岩屋戸説話、大国主命の国作りと国譲り、天照大神の孫ニニギノミコトの高千穂峰への降下（天孫降臨）、海幸・山幸説話、神武（ニニギノミコトの孫）のヤマトへの東征（神武東征）などの話から構成されています。こうした神話は律令制に基づく中央集権的国家が確立する過程で編集されたもので、古代天皇による国家統治の起源を説いて、それを正統化する性格をもっているといわれています。

風土記が残っている国
- 常陸（茨城県）
- 播磨（兵庫県）
- 出雲（島根県）
- 豊後（大分県）
- 肥前（佐賀県）

代表的万葉歌人
天智天皇、天武天皇、額田王、有間皇子、持統天皇、柿本人麻呂、山部赤人、山上憶良、大伴旅人、大伴家持など

歴史コラム ①「日本国」の誕生は？中国・朝鮮との関係は？

わたしたちはなにげなく、「旧石器時代の日本」という表現を使います。しかしよく考えれば、「日本」というものがいつごろ成立したかを考えなければ、この表現が正しいのかどうか判定できないはずです。7世紀後半から8世紀初頭にかけてヤマトといわれた畿内を中心として本州・四国・九州を支配下にいれた本格的な国家が初めて列島に成立します。それまでの「倭」「大倭」という名称にかえて初めて「日本」という国号を定め、王の称号を天皇と定めました。この「日本国」が成立すると、これまでとは様子ががらりと変わってきました。この国の支配層が中国大陸や朝鮮半島との交流を前提にして、初めて本格的な「文明」を体系的に日本列島に持ち込みます。中国大陸に成立した大帝国、唐の制度を本格的に導入したのです。

この列島はそれまで海上交通、河川交通が中心だったのですが、その歴史を無視するかのように、強烈な意志で陸上の道に基本をおいた交通体系をつくりあげたことはなかなかに興味深いことです。都を中心にして幅十数メートルの舗装された道路をできるだけまっすぐにつくっています。都から四方にむかって、東海道、東山道、北陸道、山陰道、山陽道、南海道など直線的な道路が作られます。このような直線的な道を基盤にした陸上交通がこの国の交通の基本になったのです。交通の施設である駅もこの道にそって約16km（約30里・後の4里）の間隔で設けられましたが、河川の多い列島の地形にもかかわらず、水駅はほとんどみられません。

なぜこのような制度を作ったのでしょうか。理由はいろいろ考えられます。当時の状況を考えると、倭は唐・新羅と戦って敗れたばかりでした。敗戦直後のこの国の支配層にとっては軍事的な理由が非常に大きかったという意見があります。つまり兵士と武器、軍需物資の移動運搬のために能率をあげる必要があったという考えです。

それに加えて、より本質的にはこの国家が小さいながらも古代帝国を志向していたからだという考えがあります。

世界をみてみると古代の帝国は四方に勢力を広げていく志向を共通にもっていました。ローマ帝国の道も、ペルシア帝国の道も、インカ帝国の道もみな、できるかぎりまっすぐにつくられています。「日本」を国号とした律令国家も、これらの国家と同様に、古代帝国的な文明の特質を備えていました。そしてこの国家の諸制度の基本にあるのは、農本主義といわれるもので、「農は天下の本」「農は国の本」ということがくりかえし強調されました。水田を基礎にした租税制度をとっている以上、これは当然のことで、このような儒教を背景にした農本主義的な文明が、畿内を中心に西日本を主要な基盤とする制度を通して列島社会全体に強い影響をおよぼすようになったのでした。

対馬に朝鮮半島に向かって防人の護る城がつくられ、このころ初めて朝鮮海峡が国境の意識をもって考えられるようになります。つまり大陸、朝鮮に対して「日本国」という内側に閉じこもり始めたともいえます。

歴史コラム ②侵略の危機と大宰府のおこりについて

　664年、朝鮮半島に最も近い九州北部は、異様な緊張感のなかにありました。前の年、滅びかけていた百済を救おうと出征した日本軍が、白村江で新羅と唐の連合軍に大敗し、逆に日本自身が、両国の侵攻の危機の前にさらされていたのです。

　朝廷はこの防衛策に心血をそそぎました。九州北部に防衛兵である防人を集め、緊急事態をいち早く都まで知らせるのろしを設置します。また、敵軍が押し寄せるかもしれない博多湾岸にあった朝廷の役所を、沿岸から10キロメートル近く内陸の場所に移しました。これが大宰府のおこりといわれています。その南北には避難砦・食糧備蓄庫として山城が、また北西部には幅60メートルもの堀をもつ防衛城壁「水城」が築かれました。相当な危機感があったということですね。

　幸いにも、新羅・唐の侵攻は現実のものとはならずにすみました。その後、大宰府は九州地方の諸国をたばねる役所として、また朝鮮や中国などに向けた外交拠点として重要な役割を果たすことになります。そこは都の政府をそのまま縮小したような政庁で、まさに「大君の遠の朝廷」（『万葉集』）と称するにふさわしいものでした。

　その後740年の藤原広嗣の乱、939年から941年の藤原純友の乱（大宰府は放火され炎上）などの事件に出会いながら大陸との外交や貿易をてがけて、大宰府は命脈を保ちつづけました。しかし13世紀後半、元寇で九州北部が実際の侵略に直面した後、鎌倉幕府が博多に鎮西探題を設置するにおよんで、大宰府はいよいよその実を失うことになります。

第3章
平安時代

この章のポイント

前章からの流れ
大宝律令の完成によって天皇を中心とした国の体制が整い、律令政治が確立しました。それとともに、新しい勢力 "貴族" が台頭しはじめます。

ポイント
京都に都を移してから貴族の力が強まります。貴族の時代から、武士の誕生までをじっくり学びましょう。

1　平安京遷都と桓武天皇の政治 ———————— 政治
キーワード　坂上田村麻呂・令外（の）官

2　新しい仏教 ———————— 社会　文化
キーワード　最澄・天台宗・空海・真言宗

3　荘園（私有地） ———————— 政治　社会
キーワード　不輸の権・不入の権

4　嵯峨天皇の政治から藤原氏の摂関政治まで ———————— 政治
キーワード　菅原道真・藤原道長・頼通

5　地方政治の乱れと武士のおこり ———————— 政治　社会
キーワード　平将門・藤原純友・源氏と平氏・院政

6　平氏政権の全盛と最後 ———————— 政治　社会
キーワード　平清盛・日宋貿易・源平合戦

7　平安時代の文化 ———————— 文化
キーワード　国風文化・かな文字・寝殿造・源氏物語・枕草子・大和絵

8世紀	9世紀	10世紀	11世紀	12世紀
			平安時代	

784	平城京から長岡京に都が移る
794	桓武天皇が平安京に都を移す
801	坂上田村麻呂が蝦夷を平定
9世紀のはじめ	最澄が天台宗を伝える　空海が真言宗を伝える
9世紀の中ごろ	藤原氏の摂関政治が始まる
894	菅原道真により遣唐使やめる
907	中国の唐が滅びる
935	平将門が乱をおこす
939	藤原純友が乱をおこす
1016	藤原道長が摂政となる
1051	東北地方で前九年合戦（前九年の役）
1083	東北地方で後三年合戦（後三年の役）　紫式部が源氏物語を書く
1086	白河上皇が院政を始める
1156	保元の乱がおこる
1159	平治の乱で平清盛が勝つ
1167	平清盛が太政大臣となる
1180	源頼朝が伊豆で兵をあげる　源義仲が信濃で兵をあげる
1184	一ノ谷の戦い　源義経らが平氏をやぶる
1185	壇ノ浦の戦いで平氏が滅びる

平安時代

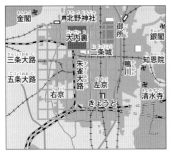

▲平安京と京都市

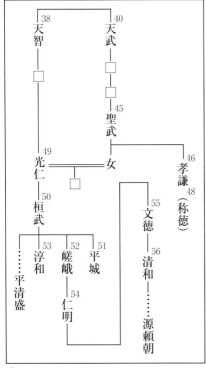

▲平安朝の天皇家の略系図

〔数字は城や柵を設置した年〕

▲蝦夷平定

1　平安京遷都と桓武天皇の政治

〈1〉桓武天皇の即位

　8世紀の中ごろから、貴族たちの争いがおこり、仏教と政治とのかかわりあいが強まって政治に口出しする道鏡などの僧もあらわれ、経済的にもゆきづまったため、政治が乱れました。こうした中781年、渡来系の母をもち、天智系統である**桓武天皇**が即位しました。

〈2〉平安京へ遷都

　桓武天皇は、仏教と政治の強い結びつきをさけて律令にもとづく政治を立て直すため、まず784年長岡京を造営しました。しかし、不祥事があり、794年、**桓武天皇**は都を今の京都に移し、平城京と同じく、唐の都長安を手本にした都づくりを行います。こうしてつくられた**平安京**は、これからのち東京遷都にいたるまで約1000年間の帝都になりました。

〈3〉律令政治の立て直し・地方政治の再建

　桓武天皇は、規律のゆるんだ国司の取りしまりをきびしくするため、**勘解由使**※をおきました。また、農民から兵士をとることをやめ、郡司の子弟から兵を採用する**健児の制**を実行しました。

　797年には**坂上田村麻呂を征夷大将軍**※に任じ、蝦夷を平定させたので、東北地方にも朝廷の力が及ぶようになりました。802年、胆沢城（現在の岩手県奥州市［水沢］）に鎮守府をおいて、ほぼ現在の岩手県・秋田県まで制圧しました。

　班田収授も6年に1回を12年に1回としてその実行に務めさせました。

　※**勘解由使、征夷大将軍**はともに、律令に定められていない新しい官職、**令外（の）官**でした。

② 新しい仏教

〈1〉唐から帰国した留学生たち

　桓武天皇は仏教を内部から改革させるため最澄や空海を唐におくりました。9世紀初め、唐の留学から帰国した最澄（伝教大師）は比叡山（滋賀県）に延暦寺を建てて天台宗を広め、空海（弘法大師）は高野山（和歌山県）に金剛峯寺を建てて真言宗を広めました。

最澄〈伝教大師〉
（767～822年）

生きているものはだれでも修行をすれば仏になる可能性をもっている。

20歳になる前に、仏教界を批判し比叡山に入山、修行をはじめました。804年に唐に留学。翌年帰国し、延暦寺で天台宗を開きました。

空海〈弘法大師〉
（774～835年）

修行をつめば、人間は、生きたまま成仏できる（即身成仏）。

最澄の帰国から1年後に帰国しました。816年に高野山に金剛峯寺を開きました。823年より嵯峨天皇から平安京の東寺をまかせられ、真言宗布教の拠点としました。

〈2〉仏教の新しい動き

　新しい仏教は政治とははなれ、深い山奥の寺できびしい修行をつみましたが、貴族のためのまじないや祈りを行うことがおもになりました。

〈3〉弘仁・貞観文化

　平安京に都を移してから9世紀末までの文化を嵯峨天皇と清和天皇の時の元号をとってこのようによびます。このころ唐文化を摂取し消化する段階をむかえ、宮廷では漢文学が発展しました。また、最澄・空海の伝えた平安新仏教が広まった時期でもありました。

発展キーワード　桓武天皇の政治

　桓武天皇が追求した二大政策は、造都（平安京造営工事）と征夷（蝦夷平定）でした。しかしそれは国家財政と民衆への過大な負担をともなうものでした。晩年の805年、桓武天皇は、「天下の民が苦しむところは軍事と造作である」という意見をいれて、ついに征夷と造都の事業を打ち切りました。

第3章

③ 荘園（私有地）

〈1〉荘園のおこり

　中央の貴族や大きな寺や地方の豪族は、農民たちや土地をすててにげ出してきた者を使い、土地を開墾し、私有地を広げました。これを荘園といいます。

〈2〉荘園の集中

　豪族たちは荘園を藤原氏などの有力者に寄進し、自分は荘園の管理者（荘官）となりました。そして荘園は、朝廷に税をおさめなくてもよい権利（不輸の権）と国司の立ち入りをことわる権利（不入の権）を持つようになり、公地公民のきまりがくずれました。

④ 嵯峨天皇の政治から藤原氏の摂関政治まで

〈1〉格式と令外（の）官

　桓武天皇の政治はそのまま嵯峨天皇にひきつがれます。その政治の特色は格式の編集と令外（の）官の設置でした。

格	律令を修正補足するもの
式	律令の施行の細目を定めるもの

※ 令外（の）官は令の規定にない官職で、蔵人と検非違使などがこれにあたります。

蔵人所	天皇は機密が外にもれることを防ぐために、藤原冬嗣を蔵人所の長官である蔵人頭に任命し、機密事項を扱わせました。
検非違使	平安京内の警備や裁判にあたりました。

〈2〉藤原氏への権力集中と菅原道真

　藤原氏は大化の改新に手がらのあった中臣鎌足の子孫で、北家に冬嗣が出て蔵人頭になって勢力を持つようになりました。その子、良房は娘を文徳天皇の妃として入れ、外戚として権力をふるい、摂政（幼少の天皇を助ける—良房が皇族以外で初めてつく）の地位を手に入れました。良房のあとその養子と

なった基経も天皇の摂政と**関白**（成人後の天皇を助ける―基
経が初めて位につく）になり権勢をふるいました。

　宇多天皇は基経のあと関白をおかず、藤原時平に対抗するた
め**菅原道真**を起用しますが、道真は901年、藤原氏により大
宰府に左遷されてしまいます。

〈3〉藤原氏の摂関政治

　こうして有力な他氏を排斥して、藤原氏は摂政・関白の
地位を独占し、**摂関政治**が確立されていきました。その
全盛期は11世紀の**道長・頼通**の時代でした。道長は摂政
になり、頼通も3天皇50年にわたって摂政・関白の地位
にありました。このような藤原氏の経済的基盤を支えたも
のは広大な荘園であり、「天下の地ことごとく一家の領に
帰す」とまでいわれました。

```
資　　料

藤原道長の栄華
1018（寛仁2）年10月16日、今日は女官の藤原威子が後
一条天皇の皇后になる日である。威子は道長の三女で、一家
から3人の皇后が立つ例はこれまでにないことである。式が終
わってから道長は私を招いて、「和歌をよもうと思うが、必ず
返歌をよめ」といわれた。私が承知すると、「おごり高ぶった
歌だが、即席のもので前から用意しておいたものではない」と
いって、次の歌をよまれた。
この世をばわが世とぞ思ふ望月の　かけたることもなしと思へ
ば（この世のすべてが思い通りに満足で、満月のようにかけた
ところがないような気がする）　（藤原実資の日記「小右記」より）
```

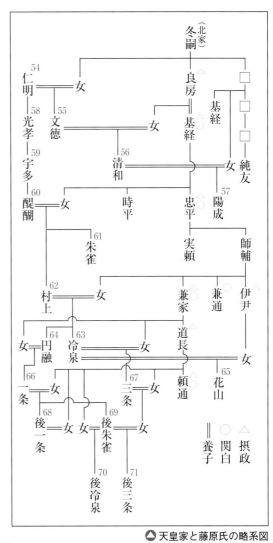

▲天皇家と藤原氏の略系図

5　地方政治の乱れと武士のおこり

〈1〉地方政治の乱れ

　都の貴族は地方の政治をかえりみず国司に任せきりになり、
朝廷の命令が行き届かなくなり地方政治が乱れました。尾張
国の国司藤原元命は悪政を訴えられ解任されました。

〈2〉農村の人々のくらし

　農民は牛や馬を使って田畑を耕し、田植えを行いました。
　牛・馬や鉄の農具を手に入れた有力な農民は、貧しい農民を

延喜・天暦の治

10世紀前半の醍醐天皇（在位897～930年）・村上天皇（在位946～967年）の時代をいいます。この時代は摂政が置かれず、比較的公平な人事が行われたことや「古今和歌集」などの学芸が興隆したことなどから、後世になって理想的な治世といわれるようになりました。

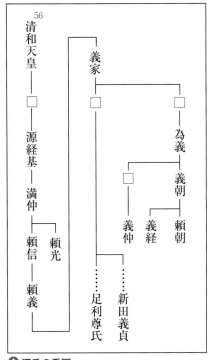

△源氏の系図

使って田畑を開きました。地方では、税をよけいに取り立てたり、土地を買い集めて富をたくわえる豪族が現れてきます。

〈3〉武士のおこり

平安時代の中ごろ、地方の豪族や有力な農民は自分の土地を守るため、家来（家の子、郎党）に武芸を習わせました。そして、争いがおこると農民をひきつれて戦いました。これが**武士のおこり**でした。武士は一族を中心にまとまっていましたが、有力な武士をかしらにして大きな武士の集団となります。やがて、地方に移り住んだ貴族の子孫などと主従関係を結び、武士団を形成しました。その中でも皇族の子孫である**源氏**と**平氏**が武士のかしらとして特に勢力がありました。

〈4〉各地の戦乱

承平・天慶の乱（935～941年）では、関東地方で**平将門**、瀬戸内海で**藤原純友**があいついで乱をおこしましたが、地方の武士にしずめられました。

11世紀の中ごろには、東北地方で**前九年合戦（前九年の役）・後三年合戦（後三年の役）**が起こりましたが、源頼義・義家らによってしずめられ、東国は源氏勢力の地盤となりました。

〈5〉院政の開始

藤原氏の血統でない後三条天皇は1069年、荘園整理令を出し、記録所を設けました。これは藤原氏の勢力を弱めるものでした。

日本の歴史 ステップアップ！ 東国武士団とはなにか

前九年合戦（前九年の役）と後三年合戦（後三年の役）では源義家が活躍しました。これらの戦いを通じて源氏は東国の武士団との主従関係を強め、武士の指導者としての地位をかためました。これらの後、さらに武士団は勢力を強めていきます。後三年合戦（後三年の役）で、矢を目に射られたにもかかわらず奮戦した鎌倉権五郎景政は、伊勢神宮に多大な財産を寄進したり、相模の三浦氏は三浦半島一帯に大きな勢力を築きました。かれらの子孫はその後、都から下ってきた源義朝や頼朝にしたがい、鎌倉幕府の樹立に大きな役割を果たしました。また、源義家の父頼義が源氏の守り神、石清水八幡宮を勧請して鶴岡八幡宮を建立するなど、鎌倉は源氏ゆかりの土地でした。

1086 年、勢力がおとろえてきた藤原氏にかわって、白河天皇が位をゆずって上皇となって、上皇のすまいである院で政治を行う院政を始めました。

〈6〉 平 清盛の登場

1156 年、保元の乱が皇族や藤原氏一族の対立からおこり、それぞれ源氏や平氏を味方にして戦いました。さらに 1159 年、平治の乱がおき、平清盛と 源 義朝 が争いました。平清盛が戦いに勝利を得て、政治の実権をにぎり、武士で初めて太政大臣となります。

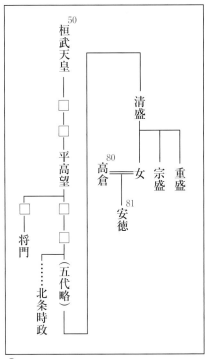

▲平家の系図

資　料

尾張国郡司百姓等解

農民の訴え

わたしたち尾張国の郡司と百姓たちは，国司の 藤原元命 が3年間に行った悪政を31か条にわたって朝廷に訴えます。

一　税を決められた以上に取ります。

一　中央へ送るといって，絹・うるし・油・綿などをだまし取りました。

一　かんがい用の池や用水の修理費や，農民救済用の米を，支給してくれません。

---

❻ 平氏政権の全盛と最後

〈1〉 平氏の政治

平清盛は、藤原氏の政治にならって自分の娘を天皇の妃とし、平氏の一族は朝廷で高い位につき、多くの私有地（荘園）を手に入れ、栄華をほこりました。

さらに、大輪田泊（現在の神戸港）を改築して中国の宋と貿易を行い、宋銭や絹織物などを輸入しました。また、瀬戸内海の海運をにぎり、音戸の瀬戸を開きました。

清盛は娘を中宮におくり、その子安徳天皇が即位すると外戚となって権勢をほこりました。こうして平氏の政権は公家（貴族）と武士の政権の橋渡しの役を結果的に果たしました。

平清盛の権勢

保元・平治の乱を通じて貴族社会内部の争いも武士の力で解決されることが明らかになり、武家の棟梁としての平清盛の地位と権力は急速に高まりました。彼は後白河上皇の信任を得て、異例の昇進をとげて太政大臣になり、娘徳子（建礼門院）を高倉天皇の中宮に入れ、その子、安徳天皇の外戚として絶大な権勢をふるいました。大輪田泊を修築して、宋と貿易を行い、その利益は、政権の重要な経済的基盤になりました。

1180年8月	石橋山の戦い
	（頼朝挙兵→敗北）
1180年9月	（木曾義仲挙兵）
1180年10月	富士川の戦い
	（頼朝軍、平氏軍に勝利）
1181年1月	（平清盛死去）
1183年5月	倶利伽羅峠の戦い
	（義仲軍、平氏軍に勝利）
1183年7月	（平氏都落ち）
1184年1月	粟津の戦い（頼朝、弟の範頼・義経を派遣し、義仲は討死）
1184年2月	一ノ谷の合戦（義経、鵯越の逆落としにより平氏敗走）
1185年2月	屋島の合戦
	（義経により平氏敗走）
1185年3月	壇ノ浦の戦い
	（平氏滅亡）

⬤源氏と平氏の争乱年表

〈2〉源平合戦と平氏の滅亡

　一族中心の政治を行った平氏に対する反感が強まり、平氏を倒す動きが高まりました。源頼朝は伊豆で挙兵し、石橋山の戦い（神奈川県）で敗れたものの安房（千葉県）から勢力を挽回し、鎌倉を本拠に関東地方をおさえました。
　平氏は、一ノ谷（神戸市）と屋島（高松市）の戦いで頼朝の弟の義経に敗れ、1185年壇ノ浦（山口県）で滅びました。

〈3〉守護・地頭の設置

　1185年、源頼朝は、国々に守護、荘園に地頭をおくことを朝廷から認められ、御家人をその任にあてました。

日本の歴史 ステップアップ　「海の平家」の象徴 厳島神社

　厳島神社は、もとは「伊都岐島」と呼ばれ、推古朝のころに造られて以来、安芸国第一の霊社として尊崇を受けていました。しかし、現在見ることのできる華麗な社殿は厳島を厚く信仰した清盛によって造営されたものです。中央に進出した平氏は、海賊追捕などで武功を重ねて、熊野や瀬戸内海の強大な水軍を支配し、院政政権の側近として活躍しました。厳島のシンボルともいえる海の中の大鳥居、背後には山がそびえ、眼前には紺碧の海が広がります。それは瀬戸内航路を掌握し、日宋貿易を推進した「海の平家」の象徴でもあるのです。厳島神社は1996年に、世界遺産にも登録されました。

⑦ 平安時代の文化

〈1〉国風文化

894年、菅原道真の意見で遣唐使をとりやめたので、日本風の貴族文化が生み出されました。これを**国風文化**といいます。

遣唐使の廃止

菅原道真は、衰退しつつある唐の政治的混乱が日本国内に波及するのをおそれ、また、遣唐使派遣の危険や巨額の財政負担などから中止したといわれています。

〈2〉かな文字の発明と国文学

漢字から**かな文字**がつくられ、おもに女性によって使われました。**ひらがな**は漢字をくずしたもの、**かたかな**は漢字の一部分をとったものです。

10世紀の初め、天皇の命令で**紀貫之**らが約1100首の和歌を集めた『**古今和歌集**』をつくりました。これは日本最初の勅撰和歌集です。

紫式部は『**源氏物語**』で貴族たちの生活や気持ちなどを美しくえがきだしました。

清少納言は、宮廷生活をえがいた随筆『**枕草子**』を書きました。

『紫式部日記』の中のホンネ

この日記の中で彼女は思わずホンネを書いている部分があり、当時の女性の気持ちの一端をうかがうことができます。自分は幼い頃から父に学問を教えられてきたが、その知識をひけらかすことなく、目立たないように心がけてきたと本人は述懐しつつ、しかし清少納言が、漢文学の知識をひけらかしているのは鼻もちならず、こんな軽薄な人の将来はろくなことがないと痛烈に批判しています。和泉式部については、手紙のやりとりは巧みだが、歌というものがわかっていないとか、『栄華物語』の作者については、風格のある歌を詠むが、格別すぐれた歌人とはいえない、などと手厳しい批評を加えています。

▲十二単（中世初期公家女房装束　復元）

安 → あ → あ
以 → い → い
宇 → う → う
衣 → え → え
於 → お → お

阿 → ア
伊 → イ
宇 → ウ
江 → エ
於 → オ

▲かな文字の発明

▼日本最古：
竹取物語（物語 ※ 成立年、作者ともに不明）
▼10世紀：
土佐日記＜紀貫之、日記＞
蜻蛉日記＜藤原道綱の母、日記＞
古今和歌集＜紀貫之ら編、詩歌＞
▼11世紀：
源氏物語＜紫式部、物語＞
枕草子＜清少納言、随筆＞
和泉式部日記＜日記＞
紫式部日記＜日記＞
更級日記＜菅原孝標女、日記＞
和漢朗詠集＜藤原公任、詩歌＞

▲国文学の発展

〈3〉建築

寝殿造は、美しい庭や池など自然との調和をとり入れた貴族の屋敷です。中央に寝殿があり、貴族が住むところがありました。

また、11世紀頃に浄土信仰がさかんになり、多くの阿弥陀堂が建てられました。代表的な阿弥陀堂である**平等院鳳凰堂**は、藤原頼通が建てました。

▼建築：
平等院鳳凰堂

▼彫刻：
平等院鳳凰堂阿弥陀如来像
[寄木造]

🔺国風文化の例

🔺寝殿造（東三条殿復元模型）

🔺平等院鳳凰堂

発展キーワード　貴族の日課とは

10世紀半ば藤原師輔（908～960年）が子孫のために書き残した家訓には、貴族の守るべき日課としてつぎのことが書いてあります。朝起きたならば、自分の一生を左右するとされる星の名を7回唱え、つぎに鏡で自分の顔をみて健康状態を調べ、暦をみてその日の吉凶を知ること。つぎに楊枝で歯の掃除をして、西に向かって手を洗う。さらに仏の名を唱え、日頃信仰している神社のことを念じ、昨日のことを暦に書き記す。その後しるがゆを食べ、頭髪を解き、手足のつめを切るなどなど、細かな日課が決められていたのでした。当時の貴族の生活が少しみえてきそうです。

発展キーワード　浄土へのあこがれ

平安時代の中ごろ、政治が乱れて社会不安がまし、「釈迦の死後、しだいに仏法が衰え、2001年目から末法の世に入る」という末法思想が広まりました。そのため、貴族をはじめ民衆の間でも、「念仏を唱えて阿弥陀仏にすがれば極楽浄土に生まれ変わることができる」と説く浄土信仰がさかんになり、各地に阿弥陀如来像や阿弥陀堂がつくられました。末法の世に入ったと考えられた翌年の1053（天喜1）年に藤原頼通が建立した宇治（京都府）の平等院鳳凰堂をはじめ、多くの阿弥陀堂は、極楽浄土にあるとされた宝池殿（黄金池）を備え、阿弥陀如来の住む極楽浄土そのままを現世に再現しようとしたのです。

〈4〉大和絵

大和絵は貴族の生活や周囲の風景をえがいたはなやかな絵画で、のちには、絵と物語を組み合わせて長い1枚の絵にえがいた絵巻物がつくられました。『源氏物語絵巻』・『鳥獣戯画』などが有名です。

🔺源氏物語絵色紙帖　若紫

第 ④ 章
鎌倉時代

この章のポイント

前章からの流れ
　平安時代中ごろから貴族政治のもとで武士が力をつけてきました。平氏と源氏が勢力争いを続け、ついに源氏が平氏を滅ぼしました。

ポイント
　源頼朝が政権をにぎり、武家政治が始まります。武家政治の初期がどのような流れだったかを学びましょう。

1 鎌倉幕府 ──────── 政治 社会
　　キーワード　源頼朝・征夷大将軍・御家人・御恩と奉公

2 執権政治 ──────── 政治
　　キーワード　執権北条氏・承久の乱・御成敗式目

3 鎌倉時代の産業と文化 ──────── 社会 文化
　　キーワード　二毛作・定期市・宋銭・鎌倉新仏教・軍記物・東大寺南大門

4 元寇と鎌倉幕府の滅亡 ──────── 政治
　　キーワード　北条時宗・文永の役・弘安の役・永仁の徳政令

	12世紀		13世紀							14世紀
平安時代		鎌倉時代								
	1185	1192	1203	1219	1221	1232	1271	1274	1281	1297	1333
	源頼朝が守護や地頭をおく	源頼朝が征夷大将軍となる	北条氏の執権政治が始まる	源氏が3代で滅亡	承久の乱がおこる	御成敗式目（貞永式目）	フビライが国号を元と定める	元の大軍の襲来（文永の役）	元の大軍再襲来（弘安の役）	鎌倉幕府が徳政令を出す	鎌倉幕府が滅びる

鎌倉時代

1 鎌倉幕府

〈1〉鎌倉幕府の成立

1185年平氏を壇ノ浦で滅ぼした源頼朝は、奥州藤原氏をも滅ぼしました。そののち1192年、源頼朝は征夷大将軍に任じられ、武家政治を始めました。武家の政治は江戸時代が終わるまで、約700年間続きました。

△源頼朝像（甲斐善光寺蔵）

源氏と北条氏の略系図

```
北条時政①
├ 政子 ── 源頼朝
│   ├ 頼家② ── 公暁
│   │   ├ 実朝③
│   └ 実朝
├ 義時②
    └ 泰時③
        └ □
            └ 時頼⑤
                └ 時宗⑧

１ は執権
① は将軍
```

△源氏と北条氏の略系図

〈2〉鎌倉幕府のしくみ

鎌倉幕府のしくみは、簡素で実務的なものでした。鎌倉には侍所・政所・問注所という役所をおき、また1185年には、御家人を守護・地頭として任命し、関東を中心に配置しました。侍所の長官である別当には、和田義盛を任じました。

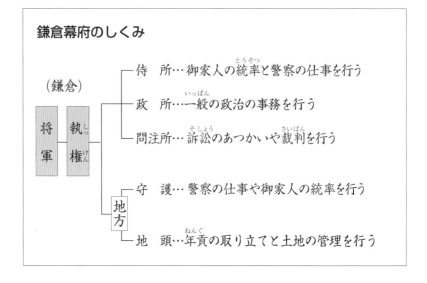

鎌倉幕府のしくみ

```
（鎌倉）
        ┌ 侍　所…御家人の統率と警察の仕事を行う
将軍─執権┤ 政　所…一般の政治の事務を行う
        └ 問注所…訴訟のあつかいや裁判を行う
地方
        ┌ 守　護…警察の仕事や御家人の統率を行う
        └ 地　頭…年貢の取り立てと土地の管理を行う
```

発展キーワード

源頼朝

源義朝の子で平治の乱のあと伊豆に流されていた頼朝は、以仁王の命令に従い、1180年北条時政らと挙兵しました。弟義経に命令していとこの源義仲を破り、平氏とは一ノ谷、屋島の戦いに勝利し、ついに平氏を壇ノ浦で滅ぼしました。鎌倉殿とは頼朝のことであり、妻の北条政子は「尼将軍」として有名です。

▲やぶさめ（埼玉県毛呂山町）

〈3〉封建制度

　頼朝の家来は、**御家人**とよばれました。頼朝は御家人の領地を認め、手がらがあれば新たに領地をあたえ（**御恩**）、御家人は命をすてても頼朝に**奉公**することをちかいました。このような土地を仲立ちとする主従関係のしくみを**封建制度**といいます。

〈4〉武士の生活

　鎌倉時代の武士は、自分の領地に**武家造**という板ぶきの簡素なやかたに住み、農民を使って農業を行っていました。また、「いざ鎌倉」に備えて、**やぶさめ・かさがけ・犬追物**などで

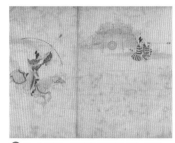

▲かさがけ（『男衾三郎絵詞』部分 重文）

▲武士の館（中世武家住宅復元模型）

武芸をみがき、主君に忠義をつくすことを心がけました。彼らは先祖から伝えられた領地を守るために、命をかけて戦いましたが、これを「**一所懸命**」といいます。

▲犬追物（『犬追物図屏風』部分）

第4章

発展キーワード

鎌倉武士はどんなものを食べていたか

　この時代は一日二食。ご飯は玄米をむしたもので、一日約0.9リットルの米を食べていたといいます。おかずはみそ、焼き塩、梅干のどれかと焼き魚くらいのもの。ビタミン・ミネラル・脂肪分・繊維質などは主に玄米からとっていたのです。お酒のさかなも、たいていは一種類、みそを食べるか、魚かあわびの干し物を小刀でけずって食べていました。

発展キーワード

切通し

　鎌倉は三方を山でかこまれ、谷が複雑にいりくんでいました。この尾根を切り開いた道が切通しで、鎌倉に入るには7つありました。この狭い道をふさぐと一歩も町に入りこめませんでした。

▲武芸に励む武士がいる一方で、都風に暮らす武士もいたことがうかがえる。（『男衾三郎絵詞』部分 重文）

② 執権政治

〈1〉執権北条氏

　頼朝の死後、頼家・実朝の3代で源氏の将軍は絶え、幕府の実権は頼朝の妻**政子**とその実家の**北条氏**に移りました。北条氏は将軍を補佐する**執権**として、政治を進めました。これを**執権政治**といいます。

〈2〉承久の乱

実朝の死や、有力御家人の勢力争いをみて、**後鳥羽上皇**は、1221年、政権を朝廷に取りもどそうと考え、鎌倉幕府をたおすため兵をおこしましたが、幕府側に敗れて隠岐（島根県）に流されました（**承久の乱**）。乱ののち、幕府は朝廷や西国の武士の動きを見はるため、京都に**六波羅探題**をおきました。

その後、鎌倉幕府の支配は全国におよび、御家人は日本各地で地頭の職を新たに得て、北条氏の勢力は一段と強まりました。

資　料

尼将軍（北条政子）の言葉

　お前たちよ、よく聞きなさい。むかし、貴族に仕えていたころには、一族を率いて上京し、国に帰るときには、馬にも乗らず、はだしで帰ってきたではありませんか。

　頼朝公が幕府を開いてからは、宮仕えも少なくなり、領地もあたえられて、お前たちはたいへん喜んでいるではありませんか。頼朝公のこのようななさけ深いお心をわすれ、3代の将軍の墓を朝廷方の馬のひづめにかけさせてもよいものでしょうか。今後京都の朝廷方につくか、将軍家にご奉公するか、ただ今ここで申してみなさい。

（以下省略『承久記』より）

〈3〉御成敗式目の制定

1232年、**北条泰時**は武士社会のルールを確立するため、御家人の権利と義務や裁判の基準を示した**御成敗式目**（**貞永式目**）を制定しました。これは51か条からなり、その後長く武士の法律の基準となり分国法の手本にもなりました。また、執権政治は北条泰時や5代執権**北条時頼**によっていっそう固まりました。

1232	御成敗式目
↓	
1336	建武式目
↓	
15世紀後半〜	分国法
↓	
1615	武家諸法度

🔺武家法体系

③ 鎌倉時代の産業と文化

〈1〉 産業の発達

　農村では牛や馬による耕作が広まり、近畿地方を中心に米と麦の二毛作も行われるなど、農業が進歩しました。交通の要所や寺・神社などの門前に月3回の定期市が発達し、商業がさかんになると、中国から輸入された宋銭が使われるようになりました。

〈2〉 鎌倉文化の特色

　京都を中心とした伝統的な貴族の文化と、鎌倉を中心として、新しくおこった素朴で力強い武士の文化の2つの流れが見られました。

〈3〉 新しい仏教

　あいつぐ戦乱や社会不安の中で、人々が心のよりどころを仏教に求めましたが、武士や民衆の間にはだれにもわかりやすい教えの新しい仏教が広まりました。

宗派と開いた人	教えの特徴
浄土宗：法然 浄土真宗（一向宗）：親鸞 時宗：一遍	ひたすら念仏（南無阿弥陀仏）を唱え、阿弥陀仏にすがれば、だれでも救われる
日蓮宗（法華宗）：日蓮	題目（南無妙法蓮華経）を唱えれば、だれでも救われる
禅宗　臨済宗：栄西 曹洞宗：道元	中国の宋から伝わり、座禅を行い、自分の力でさとりを開く

鎌倉新仏教

　平安時代末期から鎌倉時代初期にかけて、政治的動乱のあったこの時期は、社会的にも大きな転換期でした。社会の新たな担い手として武士や農民が登場しましたが、源平の争乱や、あいつぐ天変地異は彼らに強い不安をいだかせました。天台宗・真言宗の旧仏教は保護者だった朝廷や公家の勢力が衰えたことで、勢いをうしない、他方鎌倉新仏教の各派は、新しい救いの教えを切実に求める武士・農民・商工業者に信仰を広げていきました。

〈4〉文学・学問

『平家物語』は源平の争いを書いた**軍記物**（合戦を主題にした物語）の代表作で、**琵琶法師**によって語り伝えられました。

藤原定家らは『**新古今和歌集**』を編集しました。

『徒然草』は吉田兼好（**兼好法師**）による随筆で、下級の貴族の人生観が示されています。

北条（金沢）実時は多くの書物を集めて金沢文庫（神奈川県）を開きました。

〈5〉建築・絵画・彫刻

東大寺の**南大門**や円覚寺の**舎利殿**などが、中国の宋から伝えられた新しい建築様式を取り入れて、建てられました。

🔺 東大寺南大門

🔺 円覚寺の舎利殿

似絵とよばれる写実的な肖像画（伝源頼朝像など）や絵巻物がつくられました。

運慶・快慶らは、**金剛力士像**（東大寺南大門）など力強さを感じさせる作品をつくりました。

▼建築：
東大寺南大門＜大仏様＞
円覚寺舎利殿＜禅宗様＞
▼彫刻：
南大門金剛力士像（運慶、快慶ら）
重源上人像
興福寺金剛力士像
▼絵巻物：
蒙古襲来絵巻
一遍上人絵伝（円伊）
男衾三郎絵巻
▼絵画：
伝源頼朝像

🔺 鎌倉文化の代表例

🔺 金剛力士像

④ 元寇と鎌倉幕府の滅亡

〈1〉 元の誕生

　13世紀、モンゴル人の**チンギス・ハン**は、騎馬隊によって
周囲の国々を征服し、モンゴル帝国をつくりました。孫のフ
ビライ・ハンの
ときに4つの国
に分かれ、フビラ
イは国号を**元**と
定め、皇帝となり
ました。

地図凡例
- モンゴル帝国の範囲
- 元の範囲
- → 元軍

🔺 モンゴル帝国と元

〈2〉 蒙古襲来

　日本をしたがえようとした元の要求を8代執権の**北条時宗**
がこばんだため、1274年に元軍は対馬・壱岐を侵し、博多湾
に攻め込みました（**文永の役**）。元軍の集団戦術や「てつはう」
とよばれる火薬兵器に日本の武士たちは、苦しみましたが、元
軍の軍船が引きあげたため、日本は難を逃れました。また、
1281年に再度来襲し（**弘安の役**）大戦闘となりましたが、石
塁（防塁）や幕府軍の善戦により、上陸も思いのままにならな
いうちに、またしても暴風が吹き荒れ、元軍は全軍の7〜8割
を失い、逃げ去りました（この2度の元の襲来を**元寇**といい

発展キーワード

「てつはう」の機能とは

　てつはうは、中につめ
た火薬を敵陣で破裂させる投弾
で、弓矢や刀しかない時代の日
本の武士を爆発音と煙火で驚か
せたと、鎌倉時代の文章にあり
ます。従来の歴史の学習でも単
なる威嚇用だと教えられてきま
した。しかし1993年、長崎県
松浦市沖で直径15センチの陶
製弾が発見され、そのなかには
散弾らしい多数の鉄片が残って
おり、研究調査の結果、「てつは
うは、従来考えられていた単な
る脅しの武器ではなく、殺傷
力のある武器だった可能性を示
す」（西谷正九州大学名誉教授）
と考えられるようになりました。

第4章

🔺 蒙古襲来絵詞　部分

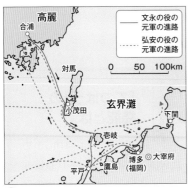

△元軍の進路

ます）。この結果、「神風」や神国意識が生まれたといわれています。

発展キーワード

黄金の国　ジパング

日本をヨーロッパに最初に紹介したのは、ベネチア（イタリア）の商人の子マルコ・ポーロでした。彼は『東方見聞録』に次のように書いています。「ジパングは東海の一島で、大陸から2,400キロのところにある。国内には黄金が非常に多く、尽きることがないほどあるのに、王が輸出を許さないので、訪れる商人はきわめて少なく、外国の船舶の出入りもごくまれである。……王宮の屋根はすべて黄金の板でできている。……これほどの富は、元の皇帝フビライの胸の中に征服の欲望をかきたてた。」彼は17年間も中国に住んで皇帝の信頼をえ、帰国後この「見聞録」を書いたのでした。

発展キーワード

永仁の徳政令

1297年の徳政令の目的は御家人の窮乏を救い、所領を失うのを防ぐことにありました。しかし非御家人や一般庶民は、大きな被害をこうむりました。様々な反発をうけ翌年には、土地の無償取り戻し条項のみを残し、ほかの法令は廃止されました。しかし、これでも御家人の窮乏を救うことはできなかったのです。

〈3〉鎌倉幕府の弱体化

元寇による幕府や御家人の負担は大きく、戦いには勝ったものの、幕府から新しい領地をほうびとしてもらえなかった御家人たちの生活は苦しくなり、不満が高まりました。1297年に御家人の借金を帳消しにする徳政令が出されましたが、効果はありませんでした。こうして鎌倉幕府は、しだいにおとろえをみせ始めます。

〈4〉鎌倉幕府の滅亡

御家人たちの幕府への不満が高まる中で、幕府を倒す計画が後醍醐天皇を中心に進められ、楠木正成や足利尊氏・新田義貞らが加わって、1333年、北条氏を滅ぼし、鎌倉幕府を倒しました。

発展キーワード

足利尊氏

足利高氏は戦いの手がらを認められたことにより、後醍醐天皇のいみな（実名）である尊治の「尊」の文字を贈られ、高氏から尊氏へと改称しました。

△足利尊氏公木像

歴史コラム ①文永・弘安の役、その直後からの日元貿易

　13世紀、モンゴル帝国を建設したチンギス・ハンの孫であるフビライは都を大都（北京）に定め、国号を元とし、南宋を攻め、高麗を属国にしました。そして日本に使者を送り入貢を要求してきたのです。ちょうどそのころフビライは南宋攻撃のさなかでしたが、南宋と日本は私的な日宋貿易がさかんでした。宋の朝廷は海外貿易の利益をあげ巨額の収入を得ていましたから、日宋間の関係を切り離す必要があったのです。さらに日本への侵攻の理由には、マルコ・ポーロの『東方見聞録』にも見られるような、「黄金の国ジパング」という風聞もありました。

　たしかに弘安の役で台風という自然現象が有利に作用したという事実はありましたが、それ以外に「もうひとつの神風」が吹いていたことを忘れてはいけません。

　それは高麗の元への抵抗です。日本遠征になれば高麗の民衆には出兵や軍船建造などの軍事的負担が重なります。それに反発して反蒙古の先頭に立ったのが親衛隊、三別抄でした。フビライは日本遠征を延期してまでも三別抄追討に全力を傾けねばなりませんでした。また出陣準備の強制労働のなかで、高麗の民衆は元軍が乗船する軍船にかなりの手抜き工事をしたといわれています。さらに三度目の元寇が行われなかったのは、その後東アジアに元への抵抗運動（ベトナムの反乱など）が広がったからだといわれます。

　14世紀前半に朝鮮半島の南の新安沖で沈んだ船が、近年そっくりそのままひきあげられました。その船からはおびただしい数の陶磁器と800万枚におよぶ銅銭が発見されています。ここから年代を調査しますと、この船は1320年代から30年代頃ということですが、これは鎌倉末期から室町時代の初め頃にあたります。この船の存在は、元寇の頃やそれ以後において日本と元の間で交易活動が行われていたことを示す確かな証拠にほかなりません。元寇という対立だけをみると、経済交流や文化交流が完全に閉ざされていたような錯覚をおこすかもしれませんが、実際には大陸との交流は宋時代より盛んだった可能性が高いのです。

　こうした交易の背景には「商業を重視する」モンゴル帝国―元という性格がかかわっています。モンゴルはよく知られているように遊牧の民です。遊牧経済は農耕以上に不安定さをかかえているため、農耕地帯への侵入をはかることがありましたが、それは犠牲も多く、「ハイリスク、ハイリターン」な方法でもありました。そこで重要となるのが交易活動でした。軍事力や移動性を背景に商人の活動を保護し、そこから安定した貢納を得ようというのです。このためモンゴル帝国―元は商業活動を重視するいわば「商業帝国」の側面ももっていました。元寇以後も日本とさかんに交易したのはむしろ当然なのかもしれません。

歴史コラム ②「新しい歴史像」を求めて

　これまでの歴史学では、日本の社会は全体として非常に農業的な色彩が強く、近代以前は完全な農業社会と考えられてきました。しかし最近、この理解は百姓＝農民という誤った思い込みにたった完全な誤りではないかといわれています。この考えでは日本はこれまで考えられていたよりはるかに非農業的色彩がつよかったと考えられるようになってきました。

　たとえば、鎌倉時代後半からの日本社会は、銭貨の流通が活発になり、為替などを用いた信用経済ともいえる状況が展開しました。つまり、金融業者や商人のネットワークが社会の中には存在していたのです。ですからもっと商人たちの存在が注目されるべきだと主張されているのです。

　さらに、従来の歴史学では海上の交易ネットワークも無視されてきました。たとえば、津軽半島の安藤氏の拠点、十三湊は14世紀には都市として最盛期をむかえ、西の博多に匹敵するほどでした。中国大陸の銭や青白磁が大量に発掘され、高麗青磁も出土していますから、14世紀から15世紀にかけて、国際的な都市であったことはまちがいないようです。また南の坊津（鹿児島県）にも12世紀から中国大陸の船が入っていますし、有明海に面した神埼のあたりからはやはり中国製の青白磁が大量に発掘されています。このように日本全体で海を使った交易がかなり発展していたことがわかります。当時の日本は東アジアと深く結びついていたのです。

　こうして現在、金融・商業組織や回船ネットワークを見直そうという「新しい歴史像」が生まれてきています。今までの古い歴史像から新しい見方を作り上げていくことは、皆さんの世代の課題といえます。

第5章

室町時代

この章のポイント

前章からの流れ

　鎌倉幕府の成立によって武家社会が確立されました。しかし、幕府も元寇後にはおとろえをみせ、足利尊氏らによって滅ぼされました。

ポイント

　鎌倉幕府から室町幕府へ変わっていくようすを学びます。武家支配がどのように変わっていくか考えましょう。

1 建武の新政と南北朝の対立 ———————— 政治
　　キーワード　後醍醐天皇と足利尊氏・南北朝時代・守護大名

2 室町幕府と日明貿易 ———— 政治　社会
　　キーワード　足利義満と花の御所・倭寇と勘合貿易

3 産業の発達と民衆の成長 ———————— 社会
　　キーワード　寄合・土一揆・国一揆・一向一揆・商工業者と座

4 応仁の乱と戦国時代 ———————— 政治
　　キーワード　足利義政・下剋上・分国法

5 室町時代の文化 ———————— 文化
　　キーワード　北山文化と金閣・東山文化と銀閣・書院造

14世紀		15世紀
南北朝時代	室町時代	戦国時代

- 1333　鎌倉幕府が滅びる
- 1334　後醍醐天皇の建武の新政
- 1336　後醍醐天皇が吉野に移る／南北朝の対立が始まる
- 1338　足利尊氏が征夷大将軍となる／京都に幕府を開く
- 14世紀中ごろ　倭寇が沿岸を荒らしまわる
- 1368　中国で元が滅び、明がおこる
- 1378　足利義満が室町に幕府を移す
- 1392　足利義満が南北朝を合一する
- 1398　足利義満が金閣を建てる
- 北山文化
- 1404　義満が明と勘合貿易を始める
- 1428　正長の土一揆がおこる
- 1439　上杉氏が足利学校を再興
- 1467　応仁の乱がおこる（～1493）
- 1485　山城の国一揆
- 1488　加賀の一向一揆（～1580）
- 1489　足利義政が銀閣を建てる
- 東山文化

室町時代

1 建武の新政と南北朝の対立

〈1〉建武の新政

　鎌倉幕府が倒れると、1334年、**後醍醐天皇**は年号を建武と改めてみずから政治を始めました。しかし、倒幕の恩賞が公家中心となり、それに対する武士の不満が高まりました。それをみた足利尊氏は、1335年に兵をあげ、翌年に京都を占領しました。こうして**建武の新政**は、約2年ほどでくずれました。当時の世の中の混乱ぶりは、「二条河原落書」に風刺されています。

〈2〉南北朝の対立（南北朝時代　1336～92年）

　後醍醐天皇は吉野（奈良県）に移り、親政を続け（**南朝**）、足利尊氏は京都に別の天皇をたて（**北朝**）、両者の対立が続きました。その後南朝の勢いがおとろえ、1392年に3代将軍**義満**が南朝と北朝を1つに統一しました。

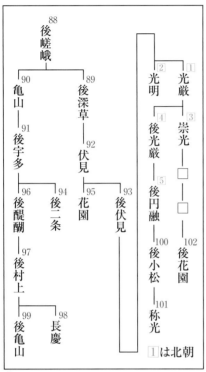

▲ 南北朝時代の天皇家の略系図

▲ 南北朝の対立

▲ 後醍醐天皇（模写）

〈3〉守護の成長

　各地の守護は荘園をうばいとり、国内の地頭や武士を家来としました。こうしてそれぞれの国を自分の領地のように支配する**守護大名**となっていきました。

② 室町幕府と日明貿易

〈1〉 室町幕府の成立

1338 年、**征夷大将軍**に任ぜられた**足利尊氏**は京都に幕府を開きました。やがて 3 代将軍**足利義満**は、"花の御所"とよばれる屋敷を京都の室町に建て、そこで政治を行いました。

〈2〉 室町幕府のしくみ

政治のしくみは鎌倉幕府にならいました。ただし、執権にかわって**管領**をおき、有力な守護大名が幕府の重要な役職に任じられました。

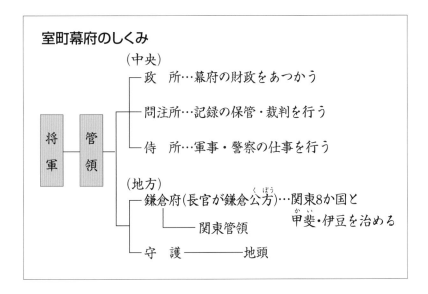

室町幕府のしくみ

将軍 ― 管領
（中央）
― 政　所…幕府の財政をあつかう
― 問注所…記録の保管・裁判を行う
― 侍　所…軍事・警察の仕事を行う
（地方）
― 鎌倉府(長官が鎌倉公方)…関東8か国と甲斐・伊豆を治める
― 関東管領
― 守　護 ――― 地頭

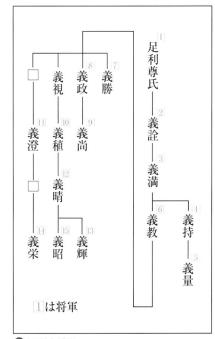

◎足利家系図

〈3〉 倭寇

南北朝のころから、中国や朝鮮に出かけて貿易を行う九州や瀬戸内海沿岸の人々が多くなりましたが、その中には海賊

◎倭寇（『倭寇図巻』（部分））

発展キーワード

天竜寺船

日本と元との間には正式な国交はありませんでしたが、私貿易はさかんでした。元と戦ったあとも鎌倉幕府は 1325 年建長寺船を派遣していますが、足利尊氏はこれにならい 1342 年、天竜寺船を派遣しています。

△洪武銭

△永楽銭

銅　銭

となって沿岸を荒らしまわる者もあらわれ、**倭寇**とよばれました。こうした中、1368年に元を倒した中国の**明**は、倭寇の取りしまりを日本に求めてきました。

△倭寇の侵入

発展キーワード

遣明船

遣明船は明から交付された勘合という証票の持参を義務付けられていました。1404年第1回の船が送られ、1547年まで17回の遣明船が派遣されました。

〈4〉日明（勘合）貿易

　義満は倭寇を禁じ、明と正式な貿易を始め、その利益を幕府の財源としました。貿易船には、**勘合**という合い札を使用し、倭寇と区別しました。日本からの輸出品は銅・刀・いおうなどであり、明からの輸入品は銅銭・絹織物・生糸などでした。

△遣明船の模型（船の科学館蔵）

日本の歴史 ステップアップ　倭寇とは？

　足利尊氏は後醍醐天皇の冥福を祈るための天竜寺造営を目的として、1342年から数回天竜寺船を中国に派遣しました。このころ倭寇と呼ばれた日本人を中心とする海賊集団が猛威をふるっていました。彼らの主要な根拠地は、対馬・壱岐・肥前松浦地方などでした。倭寇は朝鮮半島、中国大陸沿岸を荒らしまわり、人々を捕虜にしたり、略奪を行ったといわれます。14世紀ころの倭寇は**前期倭寇**と呼ばれ、日本人が中心となり、主な侵略対象は朝鮮半島でした。15～16世紀に展開された倭寇は**後期倭寇**と呼ばれ、その大半は中国人で日本人は1～2割程度であったと考えられています。主に東シナ海や南洋方面に出没したといわれています。彼らは日本の銀と中国の生糸の交易を行いながら、海賊としても行動したといいます。

3 産業の発達と民衆の成長

〈1〉農業の進歩

鎌倉時代に始まった**二毛作**が関東まで広まり、牛馬による耕作、水車を利用したかんがいが行われ、作物の種類がふえ、麻や綿の栽培も始まりました。

〈2〉村の自治

村の有力者を中心に地域的にまとまった農民たちは、神社や寺で**寄合**という集会を開き、村の重要な問題を相談したり、**村掟**を決めて結びつきを強めました。このような、農民たちが自らつくり出した自治的な村を、**惣（惣村）**といいます。

〈3〉一揆

団結を固めた農民は、年貢をへらすよう領主に要求したり、一揆をおこしたりしました。武器をとって高利貸を行っていた土倉などをおそう**土一揆**がおこりましたが、この中には、借金の取り消しを求める**徳政一揆**もありました。

○ 1428 年の**正長の土一揆**が日本で最初の一揆といわれます。

○ **国人**（農村に住む武士）が農民をひきいて守護大名に反抗したものを**国一揆**といいます。1485 年の**山城**（京都府）の国一揆が有名です。8 年間にわたって自治を行いました。

○ **一向一揆**とは浄土真宗（一向宗）の信者たちがおこしたものをいいます。1488 年の**加賀**（石川県）の一向一揆が有名です。約 100 年間にわたって自治を行いました。

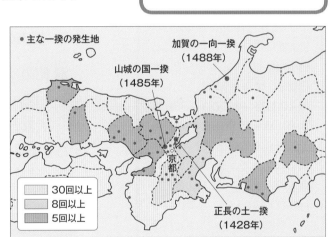

▲ 主な一揆がおこった場所

発展キーワード

木綿の伝来

木綿は 13 世紀初めから日宋貿易の輸入品になりました。15 世紀初めからは朝鮮（高麗が滅んだあと 1392 年に李成桂が朝鮮国を成立させました。）との貿易によって大量に国内にもたらされました。当時の衣料は麻でしたが、木綿はよく寒さを防ぎ、染めやすく、じょうぶでしかも肌ざわりがよいなどの利点をもっていたために、重要な輸入品でした。また戦国大名にとっては、兵士の衣料や鉄砲の火縄、帆布、魚網の材料として必需品だったのです。これが国内で生産され始めるのは戦国時代末期といわれ、その後三河木綿などの伝統が作られていきました。

発展キーワード

一向一揆のパワー

一向一揆は加賀の一向一揆から有名になります。加賀は 1580 年に織田信長が柴田勝家に命じて屈服させるまで、100 年近く本願寺と一向一揆による支配が続いたのです。1563 年には徳川家康と三河一向宗徒との間に抗争がおきました。また信長は伊勢長島の一向一揆により弟を殺されますが、これを全滅させます。そして石山合戦といわれる大阪石山本願寺との泥沼の戦争に突入し、何度も敗北しそうになりながら、何とか勝利をつかむことができました。豊臣秀吉はこの信長の苦戦をみて、刀狩をするとともに、一向宗を屈服させたあかしとして、石山本願寺跡に巨大な大阪城を築きました。一向宗のパワーは来世往生の安心感を門徒に与え、「講」というかたい組織を組んでいたことなどによるといわれています。

〈4〉商工業の発達

　手工業の発達により各地に特産物がつくられ、**定期市**の回数も月3回から6回にふえ、中国から輸入した**明銭**が取り引きには使われました。また、運送業者として鎌倉時代に年貢の輸送・保管などを行っていた**問丸**（問）から発展した**問屋**や**馬借**、高利貸として**土倉**（質屋）・酒屋（つくり酒屋）などがあらわれました。商工業者たちは**座**とよばれる同業者の組合をつくって営業の安全をはかりました。

発展キーワード

自治都市——「博多」と「堺」

　博多は大宰府の外港としての歴史が古く、日宋貿易の拠点としても栄えました。その後、有力守護大名の大内氏や大友氏の保護を受けて日明貿易のときから自治都市として大きな権勢をほこりました。細川氏と結んだ堺も博多とならんで、勘合貿易、南蛮貿易の基地として栄えました。そこでは1399年から、織田信長に支配される1569年までのおよそ170年間にわたって、36人の有力な商人の相談によって町の政治が行われていました。当時のキリスト教宣教師ガスパル＝ビレラの手紙には「堺の町は非常に広大で、大商人が大勢いる。この町ほど安全な町はない。他の諸国に動乱があっても、この町にはかつてなかった。」と書かれています。

発展キーワード

土倉

　壁土でぬりこめた蔵に、質草（借金をする代わりに預ける物のこと）を入れたので土倉とよばれました。土倉は金銭や米を貸す金融業者のことで、酒屋やみそ屋などが兼業する者もありました。京都では335軒ほどの土倉がありましたが、その大半は僧侶でした。幕府は土倉に営業の独占権を認める代わりに、営業税をとっていました。

〈5〉都市のおこり

　港町のほか、大きな神社や寺には**門前町**ができ、有力者が寄合を開いて町の自治を行ったところもあります。港町では**堺**（大阪府）、**博多**（福岡県）などが有名です。また、門前町では信濃善光寺の長野、伊勢神宮の宇治山田などがあります。

④ 応仁の乱と戦国時代

〈1〉室町幕府のおとろえ

　8代将軍**足利義政**のころ、守護大名の勢いが強くなり、将軍もそれをおさえきれなくなりました。

〈2〉応仁の乱

　有力な守護大名である細川氏と山名氏の対立にくわえ、義政のあとつぎ争いが結びついて、1467年から11年間にわたって**応仁の乱**がおこりました。戦いは細川氏を中心とする東軍と、山名氏を中心とする西軍に分かれ、京都を中心に続き、戦乱は全国に広がりました。一方では都の文化が地方へ伝えられました。

〈3〉戦国時代（1467 ～ 1573 年）

　守護大名の家来が実力で守護大名を倒して**戦国大名**となり（**下剋上**）、自分の領国を広げるために、周りの戦国大名とはげしく争いました。戦国大名は**分国法**とよばれるきびしい法律をつくって、家来や農民を支配しました。また、産業をさかんにして領地を豊かにし、武力を強めることに力を入れ、交通の便のよい平地に城を築いて**城下町**をつくりました。

発展キーワード

分国法

　伊達氏の『塵芥集』は171 もの条文をもつ分国法でした。また、喧嘩両成敗を定めた今川氏の『今川仮名目録』なども有名です。喧嘩両成敗とは、喧嘩した者を両方とも処罰する制度で、領内の平和を実現するために、家臣の間の紛争を実力で解決することを禁じ、すべて大名による裁判にゆだねさせようとしました。

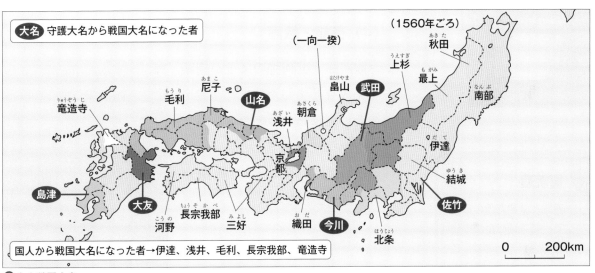

大名 守護大名から戦国大名になった者

（1560年ごろ）

（一向一揆）

秋田
上杉
最上
南部
畠山
尼子
毛利
山名
朝倉
浅井
武田
竜造寺
京都
伊達
結城
島津
大友
河野
長宗我部
三好
織田
今川
北条
佐竹

国人から戦国大名になった者→伊達、浅井、毛利、長宗我部、竜造寺

0　　　200km

🔺主な戦国大名

5 室町時代の文化

〈1〉室町文化の特色

　公家の文化と武士の文化がとけ合い、禅宗の影響を受けながら発達しました。足利義満のころの**北山文化**と義政のころの**東山文化**の２つの文化があります。

🔺金閣

◎**北山文化**
▼建築：
鹿苑寺金閣＜寝殿造・禅宗様＞
興福寺東金堂・五重塔＜和様＞
▼水墨画：
寒山拾得図（周文）
▼芸能：
能楽（観阿弥・世阿弥）

◎**東山文化**
▼建築：
慈照寺（東山山荘）銀閣
▼庭園：
竜安寺庭園＜枯山水＞
▼水墨画：秋冬山水図（雪舟）
▼おとぎ草子：
一寸法師
浦島太郎

🔺北山文化・東山文化の代表例

⬆️銀閣

⬆️書院造

〈2〉文学

　『一寸法師』『浦島太郎』など、絵入りの物語である**お伽草子**が人々に喜ばれ、また、和歌の上の句と下の句を分けて、いく人かの人がよむ**連歌**が和歌にかわってさかんになりました。

〈3〉建築

　足利義満は寝殿造と禅寺風の**金閣**、義政は**書院造**と禅寺風の**銀閣**を建てました。書院造は、今日の日本の住まいのもとになっています。

〈4〉芸能・絵画

　観阿弥・世阿弥の父子が**能楽**を完成させました。また、能楽の合い間にこっけいな劇である**狂言**が演じられました。
　水墨画は中国に渡った**雪舟**が大成させました。

⬆️雪舟の水墨画（『秋冬山水図』国宝）

日本の歴史 ステップアップ　琉球と蝦夷

　1429年尚巴志が**琉球王国**を建国し、首里を都として明や日本と国交を結んで海外貿易を盛んに行いました。重要な交易市場となった那覇には各国の特産品がもたらされ、琉球王国は繁栄しました。また、この時代に明からサトウキビが輸入され広く栽培されました。

⬆️沖縄・守礼門

　当時北海道は蝦夷ケ島と呼ばれ、人々の進出が始まっていました。14世紀畿内と津軽地方を結ぶ日本海交易が盛んになり、サケ・コンブなどの特産が京都にもたらされました。津軽の十三湊は商業拠点として栄えました。徐々に勢力を拡大した和人は、漁猟を正業にしていたアイヌの人々とも交易を行いましたが、交易はアイヌにとって不利な条件ですすめられました。これに不満をもったアイヌの人々は1457年コシャマインの戦いを起こしますが、この蜂起は鎮圧されてしまいました。

第 **6** 章
安土・桃山時代

この章のポイント

前章からの流れ
建武の新政から室町幕府の成立をへて、少しずつ武家政治が変わってきました。

ポイント
守護大名の勢力争いで、名ばかりになった室町幕府の滅亡から、豊臣秀吉の天下統一までを学びましょう。

1 **鉄砲とキリスト教の伝来** ———————————— 社会 文化
　キーワード　ポルトガル人・種子島・フランシスコ＝ザビエル・キリシタン大名

2 **織田信長** ———————————— 政治 社会
　キーワード　桶狭間の戦い・長篠の戦い・安土城・楽市楽座・本能寺の変

3 **豊臣秀吉** ———————————— 政治 社会
　キーワード　大阪城・太閤検地・刀狩・文禄の役・慶長の役

4 **桃山文化** ———————————— 文化
　キーワード　南蛮文化・姫路城・ふすま絵・びょうぶ絵・茶道・歌舞伎おどり

16 世紀												
室町時代 戦国時代					安土・桃山時代							
1543	1549	1560	1571	1573	1575	1582	1583	1585	1587	1588	1590	1592	1597
ポルトガル人が種子島につく 鉄砲伝来	ザビエルが鹿児島に上陸 キリスト教伝来	桶狭間の戦い	織田信長が延暦寺を焼き打ち	室町幕府が滅亡する	長篠の戦い	本能寺で織田信長が死亡 ローマに少年使節をおくる	豊臣秀吉が大阪城を築く 豊臣秀吉が太閤検地を始める	豊臣秀吉が関白に任じられる	豊臣秀吉がキリスト教を禁止	豊臣秀吉が刀狩の命令を出す	豊臣秀吉が天下統一	文禄の役（〜93）	慶長の役（〜98）

安土・桃山時代

① 鉄砲とキリスト教の伝来

〈1〉鉄砲の伝来

1543年、南九州の**種子島**（鹿児島県）に流れついたポルトガル人が**鉄砲**を伝えました。日本は戦国時代であったので、鉄砲はたちまち各地に広まりました。鉄砲が広まると、城のつくり方が変化し、戦い方も騎馬隊の一騎打ちから足軽の鉄砲隊が活躍する集団戦に変わってきました。

〈2〉南蛮人との貿易

南蛮人とよばれたスペイン・ポルトガル人が長崎や平戸にやってきて貿易が行われ（**南蛮貿易**）、鉄砲・火薬・毛織物・生糸・時計などを輸入し、**銀**を輸出しました。

〈3〉キリスト教の伝来

1549年、スペイン人でイエズス会の宣教師**フランシスコ・ザビエル**が鹿児島に上陸し、キリスト教を伝えました。宣教師たちは、貿易の仕事をしながら教えを広め、キリスト教の信者となった戦国大名もいました（**キリシタン大名**）。

 **鉄砲の伝来と広がり**

1543年8月、2人のポルトガル人に率いられた100人あまりが乗り組んだ船が、種子島に漂着しました。このとき種子島時尭に贈られた火縄銃は口径16ミリ、銃身718ミリで、これが種子島銃とよばれるものです。この鉄砲はたちまち日本国中に広まりましたが、織田信長はいち早く鉄砲隊を組織し、堺や近江国友の鉄砲鍛冶をその勢力下におさめました。日本刀をつくる伝統的な技術が鉄砲生産に大いに役立ったともいわれています。

〈4〉少年遣欧使節

　九州のキリシタン大名が、1582年、4人の少年使節をローマ法王(教皇)のもとにおくりました。これは日本人がヨーロッパにわたった初めてのことだといわれています。

2 織田信長

〈1〉統一への歩み

　織田信長は、1560年、駿河(静岡県)の今川義元を桶狭間(愛知県)の戦いで破り、1568年には京都に入り、1573年、将軍足利義昭を追い出して室町幕府を滅ぼしました。さらに1575年、長篠(愛知県)の戦いで徳川家康と連合して甲斐(山梨県)の武田氏を鉄砲隊の活躍でうち破りました。こうして信長は全国統一を進めましたが、1582年、京都の本能寺で家来の明智光秀に殺されました(本能寺の変)。

織田信秀
　長益(有楽斎)
　信長
　市＝柴田勝家
　市＝浅井長政
　　江(徳川秀忠室)
　　初(京極高次室)
　　茶々(豊臣秀吉室)

◢ 織田氏の略系図

〈2〉信長の政治

　信長は1576年、統一の根拠地として、近江(滋賀県)の安土に壮大な天守閣をもつ城を築きました。また、市の税を免除し、同業者の組合である座を廃止する楽市・楽座を定め、各地の関所を廃止して商工業の発展をはかりました。仏教の勢力をおさえるため、1571年に比叡山の延暦寺(滋賀県)を焼き打ちにしました。また、各地でおこった一向一揆には強い態度でのぞみ、ついに1580年、石山本願寺(大阪)を屈服させました。こうした仏教勢力への対抗策としてキリスト教を保護

少年遣欧使節

　キリシタン大名はイエズス会宣教師のすすめにより1582年、4人の少年使節をローマ教皇のもとに派遣しました。伊東マンショ、千々石ミゲル、中浦ジュリアン、原マルチノたちはゴア・リスボンをへて、ローマに到着しグレゴリオ13世に会い、1590年に帰国しています。禁教令などの国内事情から布教活動はできませんでしたが(中浦ジュリアンは長崎で穴吊りの刑を受け、殉教しています)、日本人として初めてヨーロッパに渡った使節の役割は文化・宗教史上画期的といわれています。

して、貿易をすすめました。宣教師たちは南蛮寺（教会堂）やセミナリオ（神学校）をつくり、布教にはげみました。

発展キーワード

安土城

織田信長は、琵琶湖のほとりに安土城を築きました。五層七階の天守閣の内部は、信長の絵師であった狩野永徳のふすま絵で飾られていました。しかし安土城は、1582年、本能寺の変の直後に焼けてしまいました。

資　料

楽市・楽座の政策

安土城下町に定める

一、この城下町を楽市とする。座の規制や雑税などの諸税は全て免除する。

一、商人は上海道（のち中山道）の通行を禁止する。下街道を通行して安土城下で宿をとること。

一、安土城下町は荷物運搬のための馬は出さなくてよい。

一、信長の支配する領国において、借金などの廃棄（徳政）を行っても、この町では行わない。

（「近江八幡市共有文書」要約）

3　豊臣秀吉

〈1〉天下統一

豊臣秀吉は織田信長のあとをつぎ、石山本願寺跡に大阪城を築いて根拠地と定め、1590年には小田原（神奈川県）の北条氏を破り、全国統一を完成しました。

秀吉は幕府を開かず、朝廷から関白・太政大臣に任じられ、豊臣の姓をさずけられました。

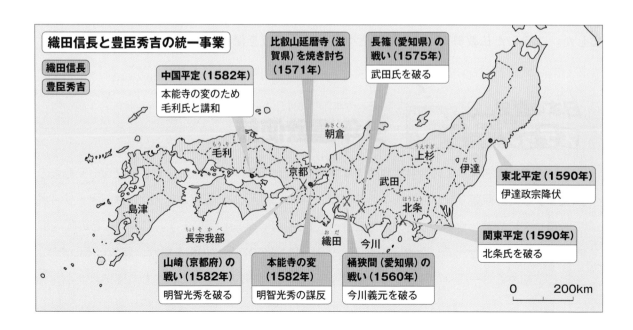

織田信長と豊臣秀吉の統一事業

〈2〉太閤検地

1582年から全国の耕地の面積や土地のよしあし、米の収穫高や耕作者が検地帳に記されて、年貢の確実な取り立てがはかられました（**太閤検地**）。農民は耕作権をみとめられましたが、土地にしばりつけられ、これを大名が直接支配するようになり、荘園は完全になくなりました。

〈3〉刀狩

1588年、一揆を防ぐため農民の持っている鉄砲や刀などの武器が取り上げられ、農民と武士の身分がはっきり区別されました。こうして**兵農分離**（武士と農民の身分を区別すること）がすすみました。

資　料

刀狩令

一、諸国の農民が刀、やり、鉄砲などの武器を持つことをかたく禁止する。武器をたくわえ、年貢を出ししぶり、一揆をくわだて領主に反抗する者は、きびしく処罰しなさい。

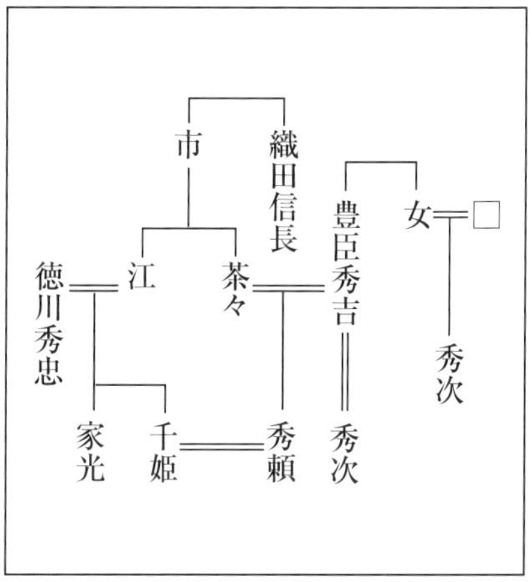
市
織田信長
豊臣秀吉
女
秀次
徳川秀忠
江
茶々
家光
千姫
秀頼
秀次

豊臣氏の略系図

〈4〉対外政策

秀吉は1587年、キリスト教を禁止し、宣教師の国外追放を命じましたが、南方に出かける貿易船（**朱印船**）は保護しました。そのため東南アジア各地に**日本町**が形成されました。また、中国の明を征服しようとして、朝鮮に２度も大軍をおくりましたが（1592年：**文禄の役**・1597年：**慶長の役**）、秀吉が病死し、兵を引きあげました。

文禄の役の日本軍の進路
慶長の役の日本軍の進路
× 海戦が行われたところ
会寧
鴨緑江
明
朝鮮
加藤清正らの進路
日本海
平壌
漢城（いまのソウル）
小西行長らの進路
黄海
全州
扶余
釜山
海南
対馬
壱岐
名護屋
日本軍の基地

朝鮮出兵［日本軍の進路］

発展キーワード

秀吉の朝鮮出兵

秀吉が「老若男女や僧をとわず、ことごとくなで斬りにし、鼻や耳を切って日本に送れ」と命じたため、兵士たちは秀吉への戦果を証明するため、多くの民衆を殺し、その鼻や耳をそぎとって灰にまぜて塩漬けにして日本に送りました。虐殺された大部分は老人・女・子どもだったといいます。現在、京都の豊国神社のそばにある「耳塚」は、そのときの「塩漬け」を埋めた場所といわれます。

南蛮貿易
日本語と外国語がチャンポンに

南蛮文化がさかえた時代は、ポルトガル語やオランダ語がさかんに日本に入ってきました。

ポルトガル語

ビロード、カッパ、ボタン、パン、カステラ、テンプラ、コンペイトウ、カボチャ、シャボン、コップ、タバコ、カルタ

オランダ語

ブリキ、カンテラ、ゴム、カン、ジャガタラ

スペイン語

メリヤス、カナリヤ

●逆にポルトガル語になった日本語もありました。

刀→カタナ　屏風→ビョンボ

舟→フネ　茶→シャ　酒→サケ

坊主→ボンズ

④ 桃山文化

〈1〉文化の特色

新しくおこった大名や大商人たちによる雄大ではなやかな文化で、仏教の影響がうすれ、**南蛮文化**も栄えました。

〈2〉建築

高くそびえる**天守閣**を持つ城が、支配者の力を示すために建てられました（安土城・大阪城・伏見城・姫路城など）。

🔺姫路城

〈3〉絵画

金地の上に花や鳥の絵がえがかれた**ふすま絵・びょうぶ絵**が、**狩野永徳・山楽**らによってえがかれました。

🔺狩野永徳筆『唐獅子図屏風』（右隻）

〈4〉芸能

千利休が茶の湯を**茶道**として完成させ、**出雲**（島根県）の**阿国**が歌舞伎おどりを始めました。

第7章
江戸時代（1）

この章のポイント

前章からの流れ
　室町幕府が滅び、戦乱の時代が続きました。織田信長、豊臣秀吉によって天下が統一され、新しい武家政治が始まりました。

ポイント
　秀吉の後で天下をとった徳川家康がどのように江戸幕府をつくっていくか学びましょう。

1 江戸幕府の成立

1 徳川家康と江戸幕府 ─────────── 政治
　キーワード　関ヶ原の戦い・大阪の陣・老中・旗本・御家人

2 幕府と大名・朝廷 ───────── 政治　社会
　キーワード　親藩・譜代大名・外様大名・武家諸法度・参勤交代

3 士農工商 ───────────────── 社会
　キーワード　慶安のお触書・五人組

2 鎖国と文治政治

1 鎖国 ──────────────── 政治
　キーワード　朱印船貿易・日本町・島原の乱・長崎出島・朝鮮通信使

2 文治政治 ─────────── 政治　文化
　キーワード　徳川綱吉・生類あわれみの令・新井白石と正徳の治

17世紀														18世紀
			江戸時代											
1600	1603		1614	1615		1624	1635		1637	1639	1641	1649	1685	1715
関ヶ原の戦いがおこる	徳川家康が征夷大将軍になる	徳川家康が江戸に幕府を開く	東南アジアに日本町が栄える	大阪冬の陣	大阪夏の陣	スペイン船の来航を禁止	日本人が海外に行くのを禁止	海外にいる日本人の帰国禁止	九州で島原の乱がおこる	ポルトガル船来航禁止	オランダ商館を長崎の出島へ	慶安のお触書が出る	生類あわれみの令が出る	新井白石が長崎新令を出す

1 江戸幕府の成立

1 徳川家康と江戸幕府

〈1〉 徳川家康

豊臣秀吉の死後、勢力を強めてきた家康は、1600 年、「天下分け目」といわれた**関ヶ原** (岐阜県) **の戦い**で豊臣方の石田三成らを破り、全国支配の実権をにぎりました。

〈2〉 江戸幕府の成立

1603 年、家康は朝廷から**征夷大将軍**に任じられて江戸幕府を開きました。そして依然として勢力をもっていた豊臣氏を1615 年、大阪夏の陣で滅ぼし、その直後、**武家諸法度**を発令し、また多くの大名をとりつぶしたり、転封 (領地替え) を行いました。孫の 3 代将軍**家光**のころまでには幕府の基礎が固まりました。

〈3〉 江戸幕府のしくみ

政治の実権は将軍がにぎり、その下で**老中**が政治を行いました。**若年寄**は老中を助け、寺社奉行、町奉行、勘定奉行が政務を分担しました。必要なときには、老中の上に**大老**がおかれました。

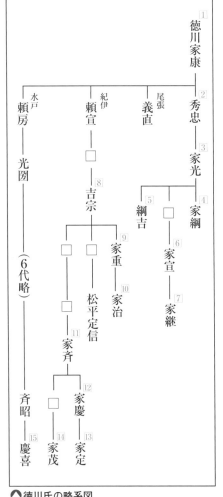

🔶 徳川氏の略系図

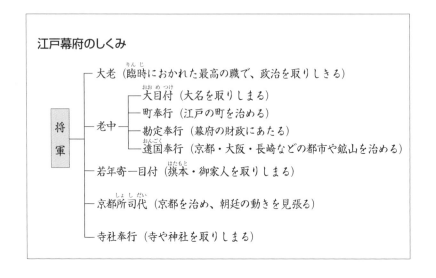

江戸幕府のしくみ

将軍
- 大老 (臨時におかれた最高の職で、政治を取りしきる)
- 老中
  - 大目付 (大名を取りしまる)
  - 町奉行 (江戸の町を治める)
  - 勘定奉行 (幕府の財政にあたる)
  - 遠国奉行 (京都・大阪・長崎などの都市や鉱山を治める)
- 若年寄―目付 (旗本・御家人を取りしまる)
- 京都所司代 (京都を治め、朝廷の動きを見張る)
- 寺社奉行 (寺や神社を取りしまる)

〈4〉幕府の支配力

　将軍の家来は、**旗本・御家人**とよばれました。また、幕府の領地は、幕府が直接支配した**幕領**（天領）と、旗本・御家人の土地を合わせると全国の約4分の1をしめ、さらに京都・大阪・長崎などの重要な都市や鉱山を直接支配しました。

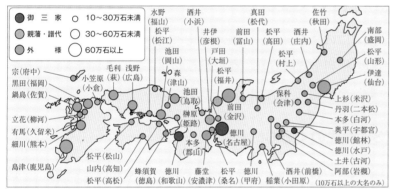

総数
2574万石
単位 万石

幕領（直轄地）400
幕領675
旗本領275
天皇・公家・寺社領 45
御三家145
前田102
島津77
伊達62
大名領1854

● 幕府と大名の領地の割合

2　幕府と大名・朝廷

〈1〉大名

　将軍から1万石以上の領地をあたえられた武士で、それぞれの領地（**藩**）を治めました。徳川氏の一族の**親藩**や古くからの家来の**譜代大名**を関東など重要な地方に配置し、関ヶ原の戦いののちに家来になった**外様大名**は九州など遠い地方におきました。

●	御 三 家	○	10～30万石未満
●	親藩・譜代	○	30～60万石未満
●	外　　様	○	60万石以上

水野（福山）　酒井（小浜）　真田（松代）　佐竹（秋田）
松平（松江）　井伊（彦根）　前田（富山）　松平（高田）　酒井（庄内）　南部（盛岡）
池田（岡山）　戸田（大垣）　松平（村上）　松平（山形）
宗（府中）　毛利（萩）　浅野（広島）　森（津山）　松平（福井）　伊達（仙台）
黒田（福岡）　小笠原（小倉）　池田（鳥取）　保科（会津）　上杉（米沢）
鍋島（佐賀）　榊原（姫路）　前田（金沢）　丹羽（二本松）
立花（柳河）　本多（白河）
有馬（久留米）　徳川（名古屋）　奥平（宇都宮）
細川（熊本）　本多（郡山）　徳川（館林）
島津（鹿児島）　徳川（水戸）
松平（松山）　山内（高知）　蜂須賀（徳島）　徳川（和歌山）　藤堂（安濃津）　松平（桑名）　徳川（甲府）　土井（古河）　阿部（岩槻）　酒井（前橋）
松平（高松）　稲葉（小田原）（10万石以上の大名のみ）

● 大名の配置図

大名（1万石以上）	親藩	徳川将軍家の一族（尾張・紀伊・水戸の御三家と、越前松平、会津松平などの家門）
	譜代	三河時代から代々徳川氏の家臣であった大名。幕府の要職につく
	外様	関ヶ原の戦い以後に徳川氏に従った大名。江戸から遠い場所に配置
家臣	旗本	将軍に面会できる格の武士。江戸在住。5000～6000人
	御家人	将軍に面会を許されない。江戸在住。約1万7000人

● 大名と家臣

〈2〉大名の取りしまり

　1615年、幕府は**武家諸法度**という掟を定め、これにそむく者をきびしく罰しましたが、武家諸法度は将軍がかわるたびに

日本の歴史 ステップアップ　幕府の財政

　全国およそ2500万石のうち、675万石が幕府領でした。つまり約25パーセントが幕府の財政として確保されていました。このうち400万石が幕領（直轄地）で、残りの275万石が旗本領でした。また、幕府は重要な鉱山も直接支配しました。佐渡・伊豆の金山、石見（2007年、石見銀山遺跡が世界遺産に登録されました）・生野の銀山、足尾の銅山などが代表的です。

出されました。1635年、3代将軍家光は**参勤交代の制**を定め、大名は1年おきに領地と江戸に住み、妻子は人質として江戸に住まわせるようにしました。その結果、江戸と各地を結ぶ街道が整備されました。

〈3〉朝廷に対する取りしまり

禁中 並 公家諸法度を制定し、表向きはうやまいましたが、天皇や公家を政治から遠ざけました。

3 士農工商

〈1〉身分制度

身分は、武士（**士**）・農民（**農**）・町人（**工・商**）に分けられ、代々受けつがれました。

〈2〉武士のくらし

全人口の約7％で、支配者として名字を名のり、刀をさす特別の権利を認められ、農民から取り立てる年貢で支えられていました。

〈3〉農民のくらし

全人口の約85％をしめ、四公六民、五公五民といって、収穫の半分ぐらいを年貢として取られました。土地を持ち年貢をおさめる**本百姓**と土地を持たない**水のみ百姓**があり、有力な本百姓は**庄屋（名主）・組頭・百姓代**などの**村役人**（村方三役）になって村を治めました。

〈4〉農民に対する取りしまり

1649年、農民の日常生活のきまりを定めた**慶安のお触書**を出し、また5、6軒を1組として互いに監視する**五人組**のしくみがつくられました。

〈5〉町人のくらし

職人と商人は城下町に住み、**町役人**がおかれ、五人組がつくられました。

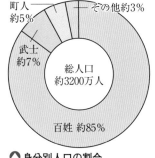

町人
約5%　　　その他約3%

武士
約7%

総人口
約3200万人

百姓　約85%

🔺 身分別人口の割合

資　料

「慶安のお触書」

一、朝は早起きをして草を刈り、昼は田畑を耕し、晩にはなわをない、俵を編み、おこたりなく仕事をせよ。

一、酒、茶を買って飲んではいけない。

一、百姓は、つねづね雑こくを食べ、米を多く食べないようにせよ。

一、衣類は、麻、木綿のほかは着てはならない。

2 鎖国と文治政治

1 鎖国

〈1〉朱印船貿易と日本町

　徳川家康は、秀吉の方針を受けつぎ海外に出かける貿易船に朱印状_{しゅいんじょう}をあたえて保護したので（朱印船貿易）、シャム（タイ）など東南アジアの各地に日本町がつくられました。

▲朱印船の模型（船の科学館蔵）

▲朱印船貿易と日本町

凡例：
- 日本町のある地
- 日本人の住む地
- 朱印船の航路

（地図内の地名）長崎、鹿児島、日本、明、マカオ、トンキン（ハノイ）、ビルマ、コーチ、シャム、アユタヤ、ツーラン、バンコク、カンボジア、ルソン、マニラ、プノンペン、リゴール、マレー、マラッカ、ボルネオ、スマトラ、セレベス、バタビア、ジャワ

1543	ポルトガル人鉄砲伝来
1549	キリスト教伝来
1587	秀吉バテレン追放令
1604	家康朱印船貿易
1612	禁教令
1614	高山右近ら国外追放
1624	スペイン船の来航禁止
1629	絵踏の開始
1633	鎖国令
1637	島原の乱
1639	ポルトガル船の来航禁止

▲16〜17世紀の外交に関連する動き

〈2〉鎖国_{さこく}へのあゆみ

　幕府は、しだいに外国船とキリスト教の取りしまりをきびしくし、1637年におこった島原の乱_{しまばら}（島原・天草一揆_{あまくさ} —島原［長崎県］・天草［熊本県］_{くまもと}地方で領主の重い年貢の取り立てとキリシタンに対する迫害_{はくがい}に対し、天草四郎時貞_{しろうときさだ}を中心とするおよそ4万の農民がおこした一揆）後は絵踏_{えふみ}をきびしく行うようになり、人々を必ずどこかの寺に登録_{とうろく}させました（寺請制度_{てらうけ}）。

▲天草と島原

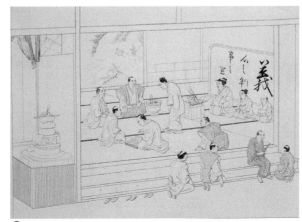

▲絵踏のようす（シーボルト『NIPPON』踏絵）

第7章

シャクシャインの戦い

北海道新ひだか町（静内）には現在、アイヌの英雄シャクシャインの像が立っています。1669年シャクシャインを首領とするアイヌの人々は、他のアイヌ部族にもよびかけて松前藩をたおすべく立ち上がりました。松前藩は当時、アイヌの人々に対して商人が米と鮭の交換で大きなもうけがでるように基準をさだめていたのです。たとえば28キロ入りの米一俵と鮭100匹で計算させていたのです。これは明らかに不等価交換であり、アイヌの生活を苦しめ、生活の場をうばうものでした。シャクシャイン以下2000名ほどの人々の戦いは2か月続き、松前藩は和議を申し入れて、シャクシャインをよび寄せ、酒宴の席で彼を殺してしまったのでした。

〈3〉鎖国の完成

　3代将軍家光は1624年、スペイン船の来航を禁止し、1635年には日本人の海外渡航と帰国を禁止しました。そして幕府は島原の乱を鎮圧した後、1639年、ポルトガル船が来航するのを禁止し、1641年、平戸のオランダ商館を長崎の出島に移し、オランダと中国（清）だけが長崎の港に限って貿易を許されました。こののち日本は200年以上も国を閉ざすことになり、このため世界の進歩からとり残されました。

◆長崎・出島（出島図）

〈4〉近隣との外交

　朝鮮とは対馬藩の宗氏を通じて外交関係が保たれました。将軍の代がわりごとに朝鮮通信使がやってきました。

　1609年、薩摩藩に命じて琉球に兵を出させ、琉球は明と薩摩との両属関係になりました。薩摩は琉球との貿易で利益をあげました。また、幕府は琉球使節を江戸に送らせました。

　蝦夷地には17世紀以来松前藩が進出し、アイヌを征服しましたが、1669年、和人の不正交易がもとでシャクシャインの戦いがおこりました。

◆朝鮮通信使来朝図（神戸市立博物館蔵）

日本の歴史 ステップアップ 「四つの窓口」とは？

　鎖国をしたとはいえ、日本は完全に国外との関係を断絶したわけではありませんでした。長崎を通じてのオランダ・中国との関係。対馬藩を通じての朝鮮との関係。松前藩を通じてのアイヌとの交易。薩摩藩を通じての琉球などとの関係。以上の「四つの窓口」が外に向かって開かれ、さかんに国外の文物が取り入れられていました。

② 文治政治

〈1〉5代将軍徳川綱吉（つなよし）の政治

　家光の死後、幕府は藩への強硬（きょうこう）な姿勢をやわらげ、身分や道徳を重んじる儒教（じゅきょう）の中でも朱子学（しゅしがく）を利用して天下を治める方針に転換します。これを文治政治（ぶんち）といいます。5代将軍綱吉はこの政治を強力におし進めましたが、**生類あわれみの令（しょうるい）**を出して人々を苦しめました。また、質の悪いお金の量をふやしたので、物価（ぶっか）が上がり、人々の生活は苦しいものとなりました。

〈2〉新井白石（あらいはくせき）の政治（正徳の治（しょうとくのち））

　新井白石は儒学者として6、7代の将軍に仕（つか）えました。白石は「生類あわれみの令」を廃止し、正徳金貨（しょうとく）をつくり物価の安定をはかりました。また、金銀が海外に流れ出るのを防ぐため、長崎貿易を制限しました（**長崎新令**）。

◇諸藩の名藩主

　諸藩でも以下の好学（こうがく）の藩主が、学者を招（まね）いて藩士の教育に努力し、名君といわれました。

会津藩主（あいづ）－保科正之（ほしなまさゆき）

水戸藩主（みと）－徳川光圀（みつくに）

岡山藩主－池田光政（みつまさ）

また、江戸時代後期では米沢藩主（よねざわ）－上杉治憲（はるのり）

発展キーワード
生類あわれみの令

　綱吉は1685年に、生類あわれみの令を出しました。これは、犬や牛馬、鳥などの保護を義務づけていました。違反した者の処罰はたいへんきびしく、犬の虐待（ぎゃくたい）などで流罪や死罪になった人は数十万にのぼりました。

日本の歴史 ステップアップ 新井白石

　白石（1657～1725年）は江戸時代中期の儒学者で政治家。6代家宣（いえのぶ）、7代家継（いえつぐ）の下で幕政を主導しました。江戸生まれで、上総（かずさ）の久留里藩（くるり）の土屋家に仕（つか）えますが、藩の内紛にまきこまれ浪人。1682年大老堀田正俊（ほったまさとし）に仕官したのち再び浪人。師の木下順庵（きのしたじゅんあん）の推挙（すいきょ）により後に将軍家宣となる甲府藩主（こうふ）に仕え、のち幕政に参画しました。正徳の治とよばれる政治ののち、8代将軍吉宗（よしむね）の登場の後失脚（しっきゃく）します。自伝『折たく柴の記』（おりたくしばのき）のほか、外国事情については宣教師シドッチを尋問（じんもん）して著した『西洋紀聞』（せいようきぶん）、歴史について『読史余論』（とくしよろん）などを書いています。吉宗の時代になると白石の実施した政策は否定されますが、長崎の貿易制限だけは受け継がれました。

歴史コラム ①江戸の人々のくらし その1

　1603年、家康は征夷大将軍となり、徳川幕府が成立します。それにともなって、江戸も一地方都市から、日本の政治の中心地へと大きくその姿を変えていきます。

　1590年の家康入府以来続けられてきた"徳川の都"の造営は、そのピッチもスケールも以前とは比べものにならない勢いで進んでいくことになりました。

　具体的にいうと、世に天下普請といわれる1606年からの数次にわたる大工事を経て、江戸の町は完成をみるのですが、江戸城の造営、河川の改修による水上交通網の整備（河川の流れを変え、運河を建設し、江戸への物資の流入を容易にした）、低湿地や入江（日比谷入江など）の埋め立てによる土地の確保と大土木工事が、全国の外様大名を動員して数十年間も続いたのち、江戸の町はようやく公方様（将軍のこと）のおひざもとにふさわしい姿を誇ることとなるのです。

江戸という町の特徴

　当時、世界最大の都市である江戸は、武士と町人の比率が5：5というきわだった特徴をもっていました。むろん全国で400万石の知行地をもつ徳川家臣団の築いた町ですから当然といえば当然ですが、旗本・御家人だけでなく、各藩の武士にも江戸定住者はいたのです。こういうと皆さんは、参勤交代で江戸に来たんだろうとお考えかも知れませんが（むろんそういう人もいましたが）、○○藩の武士でありながら江戸で生まれ、江戸で育った人も多いのです。関ヶ原以後各大名は家康に忠誠を誓い、その証しとして妻子を人質として江戸に住まわせ、殿様は領地と江戸を往復することが定式化されて、参勤交代の制が始まるのですが（武家諸法度に参勤交代の条項が加わるのは家光のとき）、各大名は江戸に藩邸を設けました。この藩邸は上屋敷・中屋敷・下屋敷と三種類おかれるのがふつうでした。そしてこの三屋敷の管理、幕府との折衝、他藩との付き合い等々、たとえ殿様が国元にいるときでも、江戸での用件は多く、そのため江戸詰めの多くの藩士を必要としたのです。特に、幕府との関係は大名が最も神経を使うことがらであり、そのためには多くの人脈を必要とします。田舎からぽっと出の武士にこれらの仕事は難しく、いわば江戸専門の藩士が誕生するということになります（江戸詰めの武士の子として生まれ、父の後を継ぎ江戸詰めとなり、領地に行ったことはないという武士さえ稀ではないのです）。

　次に、江戸の町の特徴をいうと、消費専門の町ということができます。

　江戸の町を"はたご（旅館）"にたとえた人がいますが、武士という階層はなにひとつものを生産することがありません。百万都市江戸で消費する物資はほとんど全てが他の所から運ばれてきたものなのです。そして、この消費の王たる武士にさまざまなサービスを提供することで生計をたてる多くの町人が江戸に流入したのです。"三代続けば江戸っ子"ということばが、このことを端的に表しています。

人々のくらし

(1) 衣

当時の人々の衣料は、綿・麻が中心でした。よくテレビの時代劇（げき）で、キンキラキンの絹で作った着物を着た殿様がでてきますが、あんなのは例外中の例外で（あの絹は白絹といって中国から輸入した最高級品で、この輸入のため金銀が海外に流出し、こらえきれなくなった幕府は長崎新令を出して貿易額を制限しました）、町人・下級武士はこぞって綿や麻の反物を買って、自分で着物をこしらえたのです。そして、その着物は何代にもわたって使用されました。また、江戸時代の市場に流通していた衣服の大部分は古着（ふるぎ）でした（1723［享保 8］年の江戸には、古着商が 1182 人もいたそうです。ところで差別に反対して、被差別の人々が幕末に岡山で起こした渋染一揆（しぶぞめいっき）という事件を知っていますか。この一揆で、藩がお前たちが着るものの色は渋色にしろと命令したのに対し、それでは古着屋に売れないと反抗したのも、上の説明でわかりますよね）。

(2) 食

人々の食生活は今から比べるとおそろしく貧しいものでした。一汁一菜（いちじゅういっさい）（米飯のほかに味噌汁（みそしる）とタクワン）でもましなほうで、毎日魚が食べられるなどというのは金持ちか、上級の武士でした。また、農村では米はおろか、麦さえ満足に食べられず、雑こくで腹を満たすのが茶飯事（さはんじ）でした。

ところで魚ですが、江戸湾は魚の宝庫（ほうこ）であり、貝類も豊富でした。スズキ、セイゴ、アナゴ、タイ、カレイ、時にはマグロも、また、クルマエビ、ワタリガニ、アサリ、ヒラガイ、アオヤギ、タイラギなども、ふんだんにとれました。シジミは、深川あたりを縦横（じゅうおう）に走っている運河でいくらでもとれました（飢饉（ききん）の度（たび）に多くの“難民”（なんみん）が江戸に流入しましたが、朝、シジミをとって、武家屋敷に売るだけでもなんとか生きてはいけました）。

▲シジミ

次に野菜。江戸近郊の農家は、野菜づくりでかなり裕福（ゆうふく）でした。コマツナ（小松菜）は、今の江戸川区小松川あたりで、京菜を改良してつくられました。また、練馬大根（ねりま）や茗荷（みょうが）（これが特に好きだった将軍がいて、茗荷を絶やさずつくることで年貢を免除（めんじょ）された村もありました）、目黒の筍（たけのこ）、川越（かわごえ）の芋（いも）も有名でした。

▲茗荷

(3) 住

一般の人々の住まいは、長屋（ながや）でした。標準的な大きさは、一棟分の間口（まぐち）が九間（けん）（16.2 メートル）、奥行きが二間半（4.5 メートル）で、これを六軒に等分しました。

したがって、一軒の面積は間口が九尺（しゃく）（2.7 メートル）で奥行きが二間半、これが俗にいう「九尺二間」面積 3.68 坪（つぼ）の標準的住居で、入ったところが、かまどと流しのついた台所を兼ねた土間で、奥の畳（たたみ）の部分は四畳半（よじょうはん）だけでした。むろん便所と井戸は共用でした。

歴史コラム

②琉球王国の興亡と東シナ海の大交易時代

　12世紀になると沖縄の島々は、急激な変革期をむかえます。その背景には東シナ海をとりかこむ外来文化の衝撃がありました。一つ目は日本列島のエネルギー、つまり先進文明や技術をになった武士団の活動や倭寇を含む海民の来航でした。さらに二つ目は中国における南宋建国後の経済発展と、海上貿易の活況でした。ヒト・モノ・情報の流れが沖縄社会を急変させたのでした。こうして、三勢力（南山・中山・北山）が競う三山時代となりますが、やがて中山の尚巴志が1429年統一に成功しました。こうして日本列島には室町幕府の中世国家と琉球王国の2つの国家が並存することになったのです。

　さて中国の明は朝貢貿易システムと海禁政策をとっていたので、1372年琉球に使節を派遣して入貢をうながしました。三山勢力はこれを受け入れ、琉球は明の冊封・朝貢貿易のネットワークに参入しました。以後、琉球王は形式的には中国皇帝の承認（冊封）を必要とし、中国の元号を使用するなど一定の従属関係が生まれました。中国は宗主国として朝貢国の商品を高く買い上げてくれました。那覇港から中国に向かう船団は、琉球産の馬・硫黄・貝、日本産の刀・扇、朝鮮産の人参・金銀器、東南アジア産の胡椒・象牙などを積み込み、中継貿易をしていました。

　こうして琉球は東シナ海にデビューし、首里城が総合商社の司令塔の役割を演じ、貿易立国になりました。しかし、琉球の商船は、1570年のシャム寄港を最後に東アジアから姿を消しました。それはポルトガルなどヨーロッパ勢の進出、さらには南蛮貿易・朱印船貿易にみられる日本人の海外進出熱の高まりの影響でもありましたが、結局は明の弱体化が琉球の大交易時代を後退させたと考えられます。

　その後、江戸時代になって琉球は薩摩藩の武力支配下におかれますが、中国との冊封関係は維持するという両属体制に入っていくことになります。琉球を従属させた薩摩藩は、サトウキビの独占や中国との密貿易などで巨大な利益をあげていきました。

　明治になって日本政府は、1872年、琉球に王国の廃止と藩の設置を宣告しました。琉球側からは様々な抵抗がおこり、「脱清亡命運動」もおきました。日本はこのような抵抗を押さえつけて、ついに1879年に琉球藩を廃止し、沖縄県を設置するにいたりました。これが琉球処分といわれるものです。

第8章
江戸時代（2）

この章のポイント

前章からの流れ

豊臣秀吉の天下統一を引き継いだ徳川家康が江戸幕府を開き、各地の大名を支配下においていきました。

ポイント

江戸幕府の支配が続き、いろいろな問題がおき始めます。そのために幕府がとった対策や、江戸幕府のもとで発達してきた社会生活や産業、成熟しはじめる文化などを学びます。

1　幕府の政治改革 ──────────── 【政治】
　キーワード　享保の改革と徳川吉宗・田沼意次・寛政の改革と松平定信
　　　　　　　天保の改革と水野忠邦

2　産業・交通の発達 ──────────── 【社会】
　キーワード　新田開発・備中ぐわ・千歯こき・株仲間・蔵屋敷・五街道・
　　　　　　　関所・西廻り航路・東廻り航路・三都（江戸・大阪・京都）

3　江戸時代の文化と学問 ──────────── 【文化】
　キーワード　元禄文化（上方中心の町人文化）
　　　　　　　化政文化（江戸中心の町人文化）・国学と蘭学

18世紀										19世紀		
江戸時代												
1716	1721	1732	1742	1772	1774	1782	1786	1787	1798	1833	1837	1841
享保の改革（〜45）	幕府が目安箱を設ける	享保の大ききんがおこる	公事方御定書が完成	田沼意次が老中となる	杉田玄白らが『解体新書』を出版	天明の大ききんがおこる	林子平が『海国兵談』を書く	寛政の改革（〜93）	『古事記伝』（本居宣長）完成	天保の大ききんがおこる	大塩平八郎が大阪で反乱	天保の改革（〜43）

江戸時代（2）

1 幕府の政治改革

〈1〉 享保の改革（1716 〜 45 年）

　6、7代の短命な将軍と幕府財政のはたんの後をうけ、8代将軍となった**徳川吉宗**は、質素と倹約をすすめ、武芸を奨励し、**目安箱**を設けて人々の意見を求め、**公事方御定書**という裁判の基準になる法律をつくりました。さらに新田開発をすすめ、年貢の率を引き上げ（**定免法**）、大名に1万石につき米100石を差し出させ（**上げ米の制**）、かわりに江戸在府期間を半年にするなど財政の再建に力を注ぎました。また、飢饉対策も考えて**青木昆陽**にさつまいもの研究を命じました。こうして改革はある程度の成果をおさめ、幕府の財政は一時的に立ち直りました。

〈2〉 田沼の政治（18 世紀後半）

🔺打ちこわし（細谷松茂『幕末江戸市中騒動図』部分）

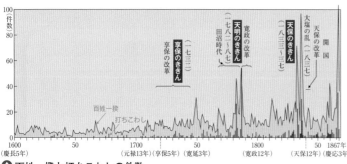

🔺百姓一揆と打ちこわしの件数

　老中**田沼意次**は、商工業者に株仲間をつくることをすすめ、特権をあたえるかわりに税を取り立てました。もはや農民の年貢からだけでは幕府のお金をまかないきれないと考えたのです。しかし政治が乱れ、天明の大ききんや浅間山の大噴火なども重なったため、江戸では米を買い占めた大商人などの店や家を破壊する**打ちこわし**が起こり、田沼はその職を失いました。

〈3〉 寛政の改革（1787 〜 93 年）

　老中**松平定信**は、吉宗にならって質素・倹約を命じ、大名にはききんにそなえて米をたくわえさせました（**囲米**）。また、幕府の学校では朱子学以外の学問を禁じ（**寛政異学の禁**）、『海国兵談』を書いて海岸を守る必要性を説いた**林子平**を罰しました。しかし、その

政治はきびしすぎて失敗に終わりました。

〈4〉天保の改革（1841 ～ 43 年）

　天保の大ききんがおこり、1837 年、大阪町奉行所与力の大塩平八郎が大阪で反乱をおこして幕府をおどろかせました。老中水野忠邦は、出版や風俗を取りしまり、江戸に出ている農民を村に帰らせました。また、物価を引き下げるために株仲間を解散させ、取り引きを自由にしましたが、効果は上がりませんでした。さらに、財政建て直しのため、江戸・大阪周辺の大名領や旗本領を幕府の直轄領にして、幕府の力を強めようとして、上知令を出しましたが、大名・旗本に反対され、忠邦は失脚しました。

〈5〉諸藩の改革

　財政難に苦しむ多くの藩も藩政改革を行いました。中でも薩摩藩（鹿児島県）や長州藩（山口県）などでは、藩内の物産を藩の専売制とするなどして、財政の建て直しをはかりました。

江戸時代の三大改革

	享保の改革	寛政の改革	天保の改革
時　　　期	1716 ～ 45 年（約 30 年間）	1787 ～ 93 年（約 7 年間）	1841 ～ 43 年（約 3 年間）
改革を進めた人	徳川吉宗 （8 代将軍）	松平定信 （11 代将軍家斉の時の老中）	水野忠邦 （12 代将軍家慶の時の老中）
主な政策	・質素・倹約令 ・公事方御定書 ・目安箱 ・上げ米の制	・倹約令 ・寛政異学の禁 ・囲米 ・出版統制	・倹約令 ・上知令 ・出稼ぎ禁止 ・株仲間解散
結　　　果	・財政再建はしたものの、武士の生活はゆきづまり、百姓一揆がふえた。	・財政再建につとめ、政治・風俗ともに引きしまるが、窮屈さに反発が出る。	・改革途中で失脚。大名、旗本が反発し、成果なく終わる。

発展キーワード

干鰯・ニシンと下肥のブレンド？

　イワシを干したものが干鰯です。当時は銚子の海岸で地引き網で大量に捕獲され、金肥（きんぴ）として売り買いされました。これと下肥とをブレンドする、つまり混ぜ合わせると速効性のある木綿の肥料になるのです。木綿は大量に肥料が必要な作物（多肥作物）なのです。しかしイワシが乱獲され少なくなりました。そこでこんどは蝦夷（北海道）のニシンが注目されました。魚油をしぼったあとのしめ粕が大量に西廻り航路で大阪近辺に運送され、金肥として売り買いされました。

紅花

2 産業・交通の発達

〈1〉新田開発・農業技術・知識の発達

　幕府や藩は、年貢を増やすため新田や用水路の開発に力を入れ、農民も未開の土地を開こんしたため、耕地面積が増加しました。農具も改良され、土を深く耕すための備中ぐわや脱穀のための千歯こきなどが用いられ、肥料も油かすや干したいわし（干鰯）が使われました。

　また、宮崎安貞の「農業全書」が大いに活用されました。

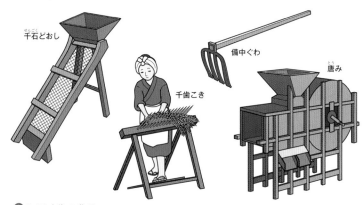

千石どおし

備中ぐわ

千歯こき

唐み

🔺 江戸時代の農具

〈2〉特産物の生産・諸産業の発達

　麻・菜種・あい・茶など加工用の作物の栽培が広まりました。また、以下のような産業も発達しました。

鉱業	佐渡・伊豆の金山、石見・生野の銀山、足尾・別子の銅山、釜石の鉄山
水産業	九十九里浜のいわし漁（地引き網）
	土佐のかつお一本釣り
	紀伊・土佐・肥前の捕鯨
	蝦夷地の昆布・にしん・鮭
	瀬戸内海の製塩業
織物業	絹織物業　西陣・博多・桐生・足利・伊勢崎・八王子・秩父・米沢
	木綿　三河・河内
漆器業	輪島塗、能代・高山の春慶塗
製紙業	土佐・美濃の和紙
醸造業	灘・伏見の酒造、野田・銚子の醤油
その他	富山の薬、薩摩・大隅の製糖、最上の紅花

〈3〉商業の発達

　商人や手工業者は、**株仲間**という同業者の組合をつくりました。また、米の売りさばきをまかされた商人（大阪の**蔵元**、江戸の**札差**）は、手数料で大きな利益をあげました。また、江戸は金建て（小判）、大阪は銀建てであることから**両替商**が生まれました。この両替商は蔵元を請け負うことも多く、**鴻池**などは70数藩の蔵元をかねていました。

〈4〉交通・通信の発達

　江戸を起点に**東海道・中山道・奥州道中**（街道）・**日光道中**（街道）・**甲州道中**（街道）の**五街道**が整備され、**宿場**や**関所**が設けられました。

　各地の産物はおもに船で運ばれ、**河村瑞賢**によって**東廻（回）り航路・西廻（回）り航路**や江戸・大阪間の定期船が開かれ、また**菱垣廻（回）船、樽廻（回）船**が江戸と大阪の間を往復しました（南海路）。また、手紙などを運ぶ**飛脚**が発達し、江戸と大阪間を幕府専用の**継飛脚**は3日で、町飛脚（三度飛脚・定六）は6日で走りぬけました。

▲樽廻船の模型　（神戸市立博物館蔵）

▲菱垣廻船の模型　（船の科学館蔵）

発展キーワード

蝦夷地の富を運んだ北前船

　18世紀以後、西廻り航路で活躍した船が北前船でした。当時の運搬物は以下の通りです。

【日本海・蝦夷地→上方方面】
俵物（干しあわび、干しナマコ、フカヒレなど）・コンブ・しめ粕・木材・銅・年貢米

【上方方面→日本海・蝦夷地】
塩・酒・米・木綿・古着・しょうゆなど

　さらに北前船は東廻り航路や南海路を使って江戸・大阪に航行することもあり、薩摩や長崎へも出入りしました。特に薩摩藩はコンブを下関で買い付け琉球を通して中国（清）に密輸出し、財政を立て直した話は有名ですね。

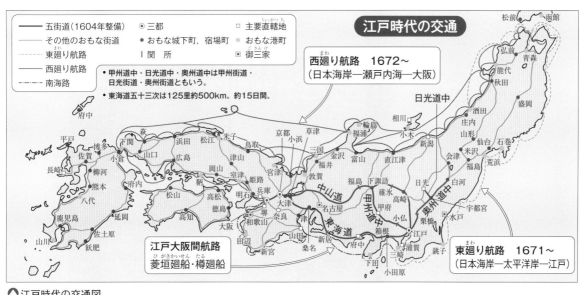
▲江戸時代の交通図

江戸時代の交通

五街道（1604年整備）　　三都
その他のおもな街道　　おもな城下町、宿場町　　おもな港町
東廻り航路　　関所
西廻り航路　　御三家
南海路

主要直轄地

・甲州道中・日光道中・奥州道中は甲州街道・日光街道・奥州街道ともいう。
・東海道五十三次は125里約500km。約15日間。

西廻り航路　1672〜
（日本海岸―瀬戸内海―大阪）

江戸大阪間航路
菱垣廻船・樽廻船

東廻り航路　1671〜
（日本海岸―太平洋岸―江戸）

〈5〉三都と都市の発達

城 下 町	江戸・名古屋・金沢・仙台・甲府・姫路・高知・熊本など
港 町	長崎・下関・博多・敦賀・新潟・四日市・銚子・酒田など
商工業都市	大阪・京都
宿 場 町	品川・小田原・三島・島田・桑名・草津など
門 前 町	奈良・宇治山田（現在の伊勢市）・長野・日光・琴平など

江戸は「将軍（公方）さまのおひざもと」、大阪は西国の大名が年貢米を売りさばく**蔵屋敷**がたちならんだことから「**天下の台所**」といわれ、京都は文化の中心地として栄えたことから、「天子さまのおひざもと」とそれぞれよばれました。

発展キーワード

街道と道中

五街道といえば、ご存知の通り、東海道・中山道・日光道中・奥州道中・甲州道中です。一般には江戸時代の道中奉行が管轄する江戸を中心とする主要街道のことをいいます。1716年、幕府は、それまで統一していなかった五街道の名称を上記のように統一したのでした。したがって厳密にいえば、「甲州街道」ではなく「甲州道中」が正確ということになりそうです。

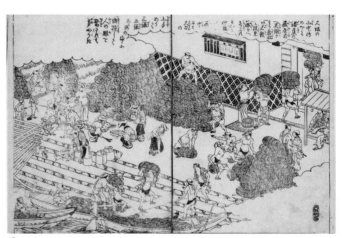

🔺蔵屋敷（摂津名所図会）

〈6〉手工業の発達

問屋が農民や下級武士、職人に材料や道具を貸して製品をつくらせ、その製品を問屋が買い取り販売する**問屋制家内工業**から、19世紀になると工場に職人をやとい、分業で製品をつくる**工場制手工業**（マニュファクチュア）という進んだ方法もあらわれました。この方法は、製糸業、絹織物業、伊丹や灘の酒造業、野田や銚子の醤油業などで行われました。

🔺伊丹の酒造業（摂津名所図会）

③ 江戸時代の文化と学問

〈1〉江戸時代の文化

　江戸時代の文化は、これまでのような貴族・僧侶や武士だけの文化ではなくなり、町人勢力の台頭によって町人文化を中心とした国民文化が生まれました。

　まず17世紀末から18世紀はじめにかけての、上方（京都・大阪）地方を中心とした5代綱吉の頃の**元禄文化**があげられます。19世紀に入って11代家斉の文化・文政時代になると、文化の中心は上方から江戸に移り、町人文化は爛熟の域に達しました。これは**化政文化**といわれます。

〈2〉儒学（儒教）の発達

　幕府の政治的理念は、儒学の朱子学でした。朱子学は主従関係・君臣関係など封建体制を維持するのに都合がよかったのです。家康は林羅山を登用しましたが、林羅山は3代家光から上野忍ヶ岡に土地を与えられ、学塾を建てて朱子学を講じました。これが昌平坂学問所の起こりです。

　◇その他の儒学者

　　朱子学……新井白石『読史余論』『西洋紀聞』
　　陽明学……中江藤樹・熊沢蕃山
　　古学派……山鹿素行・荻生徂徠『政談』
　　水戸学……徳川光圀『大日本史』

発展キーワード

湯島聖堂・昌平坂学問所の歴史

　5代将軍綱吉は、平和な時代の支配の論理として、身分秩序を重視する儒教、特に朱子学の活用を考えました。彼は1690年上野の忍ヶ岡にあった林家の塾を神田の湯島に移し、家臣たちに自ら儒学の講義を行いました。これが湯島の聖堂学問所でした。聖堂学問所は、寛政異学の禁の7年後の1797年に幕府の正規の学問所となり、昌平坂学問所とよばれるようになりました。

〈3〉藩校と寺子屋

　藩校としてもっとも古いものは、1641年創設の岡山藩の花畑教場です。

　庶民は、**寺子屋**で子弟を学ばせました。「読み・書き・そろばん」などの初等教育がさずけられました。

◀寺子屋
（渡辺崋山筆『一掃百態図』
部分（寺子屋図））

〈4〉自然科学のめばえ

　幕府の実学奨励により、農学においては宮崎安貞が『農業全書』を著し、関孝和は『発微算法』を著して和算の発達を促しました。

発展キーワード

実学・かんしょ・じゃがいも

　吉宗が漢訳洋書の輸入制限を緩和し、新しい産業の開発のため殖産興業をよびかけました。そのとき奨励された学問が実学です。このとき商品作物として、菜種・かんしょ・さとうきび・はぜ・朝鮮人参の栽培が奨励されました。こうして青木昆陽はかんしょ（さつまいも）の研究をすすめたのです。

　日本でじゃがいもが広がったのは、天保の飢饉のとき洋学者高野長英がすすめたからだといわれます。じゃがいもはトウモロコシとともにインカ帝国の二大食料でした。前者は一般人のたべもの、後者は支配者のたべものでした。じゃがいもは 1565 年ヨーロッパに伝わり、1598 年オランダ船によってジャワのジャガタラ（ジャカルタ）から長崎に伝わりました。

〈5〉江戸初期の文化

△日光東照宮

　江戸初期の代表的な建築としては京都の桂離宮があげられます。桂離宮は書院造に茶室様式を加えた簡素な中に気品のある建築です。また、**日光東照宮**も江戸初期の建築として有名です。後水尾天皇が造営した修学院離宮もこのころのものです。

〈6〉元禄文化（17 世紀末〜 18 世紀はじめ）

　町人の台頭によって綱吉の頃の元禄時代には、上方を中心とする**元禄文化**が開花しました。学問の分野では、まだ武士が中心となっていましたが、文芸や絵画などでは町人を中心とした溌剌とした芸術が生まれました。

●文芸

(1) **俳諧**　松尾芭蕉が活躍しました。芭蕉の俳諧は、風雅を旨とし枯淡の境地「わび」「さび」を理想とする気品の高いもの。『猿みの』『炭俵』などの句集や、紀行俳文である『奥の細道』も有名。

(2) **小説**　江戸初期から、お伽草子の流れをくむ仮名草子が

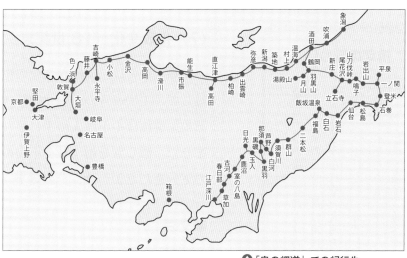

▲「奥の細道」での紀行先

生まれて、元禄のころには浮世草子が現れ、井原西鶴の『好色一代男』『日本永代蔵』などが代表的です。

(3) **演劇**　歌舞伎が隆盛し、人形浄瑠璃※には近松門左衛門が出て、すぐれた脚本を書きました。近松は竹本座の座付作者として、義理と人情の板ばさみに苦しむ男女の悲劇を描き、町人の人間性を巧みに表現しました。代表作に『曽根崎心中』『心中天網島』『国性（姓）爺合戦』『女殺油地獄』などがあります。

※人形浄瑠璃は現代では文楽とよばれています。

●美術工芸

江戸初期には、狩野探幽が出て独自の境地を開きましたが、元禄時代になると狩野派は衰えました。これにかわって、装飾画に新様式を生み出した俵屋宗達の画法をとり入れた尾形光琳が出て、これを大成させました。代表作に『紅白梅図屏風』『燕子花図屏風』があります。また菱川師宣は、庶民生活を題材とする風俗画を版画を用いて描きました。代表作には、『見返り美人図』（肉筆画）があります。

染色の世界では宮崎友禅が出て友禅染を案出しました。

▲菱川師宣『見返り美人図』

発展キーワード

国性爺合戦

近松門左衛門の代表作に『国性爺合戦』があります。明朝の王位奪回をねらう実在の人物鄭成功（国性爺）をモデルに、平戸に住む漁師の主人公が清朝をたおし、明朝を再興して日本の国威を発揚するという筋立てになっています。東アジアを舞台に、主人公を縦横に活躍させるこの人形浄瑠璃の上演は、現実の明朝の滅亡と日本の国家というものを人々に意識させたようです。

第8章

発展キーワード 俳句の味わい

蕪村

春の海 ひねもすのたり のたりかな
菜の花や 月は東に日は西に
さみだれや 大河をまえに 家二軒

一茶

やせがえる 負けるな一茶 これにあり
めでたさも 中くらいなり おらが春
われと来て 遊べや親の ないすずめ
これがまあ ついのすみかか 雪五尺

発展キーワード 川柳・狂歌の流行

川柳とは江戸時代の中ごろ、柄井川柳がはじめ、季語や切れ字にとらわれず、皮肉やおもしろみを表現したものです。俳句と同じ17音の短詩です。一方、狂歌は和歌と同じ31音の短詩です。

川柳

盗人を とらえてみれば わが子なり
これ小判 たった一晩 いてくれろ
居候 三杯目には そっと出し

狂歌

白河の 清きに魚も すみかねて
もとのにごりの 田沼恋しき

〈7〉化政文化（18世紀末〜19世紀はじめ）

元禄文化では、豪商が文化の中心を担っていました。これに対して、11代家斉の頃の化政時代（文化・文政時代）に入ると、その主導権は中小商人の手に移り、庶民が文化の担い手となりました。激しさを増す社会不安の中にあって、世紀末的な退廃の気分をただよわせ、その爛熟期をむかえました。

●文芸

(1) 小説

〈読本〉滝沢（曲亭）馬琴……『南総里見八犬伝』『椿説弓張月』

上田秋成……『雨月物語』

〈滑稽本〉十返舎一九……『東海道中膝栗毛』

式亭三馬……『浮世風呂』『浮世床』

(2) 和歌・俳諧と狂歌・川柳

〈俳諧〉与謝蕪村……文人画家としてのすぐれた才能をいかし、絵画的な名句を残しました。

小林一茶……農村生活をとりあげて日常の人間感情を強くうたいあげました。

町人の間では、世相に対する皮肉や風刺をこっけいにあらわした狂歌や川柳が流行しました。

〈狂歌〉大田南畝（蜀山人）が有名。

〈川柳〉柄井川柳がその名の由来。

●演劇

歌舞伎が盛んに行われました。鶴屋南北の『東海道四谷怪談』が有名です。

●絵画

〈浮世絵〉18世紀半ばごろ、鈴木春信によって錦絵とよばれる多色刷りの浮世絵の版画が発明され、18世紀の末から19世紀のはじめにかけて浮世絵の黄金時代が訪れました。

美人画……喜多川歌麿 『婦女人相十品』（このうち、『ポッピンを吹く女』が有名）

役者絵……**東洲斎写楽**『市川団十郎（鰕蔵）』
風景画……**葛飾北斎**『富嶽三十六景』
歌川（安藤）広重『東海道五十三次』
〈**文人画**〉詩人、学者の間で趣味として絵を描くことが行われました。与謝蕪村、渡辺崋山などが有名です。
〈**西洋画**〉平賀源内、司馬江漢（日本最初の銅版画に成功）
〈**写生画**〉円山応挙

▲葛飾北斎『富嶽三十六景』

〈8〉新しい学問

●国学の展開

賀茂真淵は『万葉集』の研究に没頭し、『万葉考』を著しました。
真淵の一派からは伊勢松阪の医者、**本居宣長**が出ました。宣長は 1765 年に『古事記伝』の筆をおこし、1798 年に完成させました。その中で宣長は、古代日本人は神の意思のままに生活したと強調し、そこに人生の理想を求めようとしました。真淵の門人であった塙保己一は『群書類従』をあらわしました。

▲歌川（安藤）広重
『東海道五十三次』

●蘭学の発展

蘭学（洋学）がさかんになるきっかけをつくったのは 8 代将軍吉宗でした。吉宗は実学奨励の意味から、キリスト教以外の洋書の輸入を許し、青木昆陽らを長崎につかわしてオランダ語を学ばせました。
前野良沢、**杉田玄白**らが『ターヘル・アナトミア』を翻訳しました。1774 年（田沼の時代）に刊行した『**解体新書**』です。その苦心の様子は、杉田玄白の『蘭学事始』にくわしく書いてあります。
蘭学の発展をさらにおし進めたのは、オランダ商館の医師と

▲解体新書（神戸市立博物館蔵）

発展キーワード

晩学の雄・伊能忠敬

忠敬は下総国佐原の酒造家で名主でした。伊能家の婿だった彼は、仕事に専心しつつ独学で暦学・数学・測地法の学習をしていました。傾いた家業をたて直す仕事を終え、彼はやっと51歳で江戸に出て天文学を学ぶことができたのです。その後全国を測量旅行し、「伊能図」とよばれる日本地図を作成していきました。これがもとになって、後の「大日本沿海輿地全図」が完成したのです。これは日本の地図に関心を持つ外国人を驚嘆させるほどの正確さであったといいます。

して来日したドイツ人シーボルトでした。彼は長崎郊外に鳴滝塾を開き、蘭学の発展に尽くしました。

大阪に開かれた緒方洪庵の適塾は、全国一の蘭学塾といわれ、橋本左内、大村益次郎、福沢諭吉らが学んでいます。

地理学では18世紀に入ると、海防上の必要から精密な実測図が作られました。伊能忠敬が幕府の命令をうけて蝦夷地の測量を開始し、以後17年にわたって全国の沿岸を実測しました。そして、忠敬の死後1821年、今日の地図に劣ることのない地図『大日本沿海輿地全図』が完成しました。

理科学の方面では、田沼時代に平賀源内がエレキテル（摩擦起電機）を製作しました。

さらに、蘭学の研究が進むと、海外との関係を重視する考え方が広まり、幕府の鎖国政策を批判する者も出ました。中でも有名なのは渡辺崋山・高野長英らです。彼らは幕府の政策を公然と批判し、罰せられました。この事件を蛮社の獄（1839年）といいます。また、八戸の医者である安藤昌益は、封建社会を否定して、新しい平等な世の中の実現を説きました。

⬆「日本国図（伊能図）　西日本：全体」

発展キーワード

蛮社の獄 崋山と長英

渡辺崋山は三河国田原藩家老。「慎機論」で幕府を批判したとして蟄居を命じられ、のち切腹。彼は蘭学者のグループ「尚歯会」（蛮社）のメンバーであり、そこに町医者の高野長英も参加していました。

高野長英は幕府批判の罪で永牢になりますが、脱獄し、再び江戸に戻ったときに捕まる寸前に自殺。1838年に書いた高野長英の『戊戌夢物語』には次のように書いてあります。「外国船が接近すれば、有無もなく鉄砲や大砲で打ち払うというのは世界に例がない。イギリス（本当はアメリカ船）は日本の敵ではなく、日本の漂流民を救助して送り届けたものを、打ち払うというのは、仁義のない国であることを諸国に示すことだ。今後の災いになることだろう。」これは1837年にアメリカ船が日本人漂流民を返すことと、通商の要求が目的で浦賀（現在の横須賀市）と山川（鹿児島県）に来航したのを幕府及び薩摩藩が撃退した事件を受けて書かれたものです。

歴史コラム　江戸の人々のくらし　その２

　前章に続き江戸の町の人々の生活をみてみましょう。

人々のくらし

（1）風呂

　江戸の人々は清潔で風呂好きだったらしく、銭湯（湯屋）はどこの町内にも一軒はあり、幕末期には市中に 600 軒もあったそうです。銭湯はただの入浴の場所ではなく、お手軽な遊び場を兼ねていました。銭湯の二階は休憩所になっているのが普通で、菓子を売ったり、茶を出したりするばかりか、火鉢や煙草盆、将棋盤などがおいてあったりして、町内の社交場になっていました。

　ところで、この時代の銭湯は、広い浴室に大きな湯船のある今の形式ではなく、サウナのような蒸し風呂で汗をかいてから、洗い場である湯殿へ出て湯を浴びるという方法でした。

（2）和紙のつくり方

　コウゾの場合で説明すると、11 月から 12 月頃にコウゾの枝を切って集め、大釜に入れて蒸します。蒸しおわると皮が簡単にはげるようになるので、冷めないうちに皮をはぎ、さらに表面の黒皮を削りとって白皮だけにします（黒皮はチリ紙の原料にします）。白皮を川に浸しながら日光に当て、白くなるまで晒してから充分に乾燥させます。これで、原料のでき上がりです。次に、この原料を清水で充分に洗ってから釜で煮ます。この過程で灰汁を入れて弱アルカリ性にします。煮た白皮を、大きなカゴに入れて水につけ、さらしてアク抜きをしながらゴミや不純物を手で取り除きます。次に仕上がった白皮をまた充分に水洗いをしてから、叩き棒でていねいにたたいて繊維をほぐします。こうして、綿のような白い固まり、紙料ができます。この紙料で紙をすきます。すきやすくするために、トロロアオイという植物の根を砕いて取った「ネリ」と呼ばれる粘液をまぜるのですが、この粘液は時間がたつと紙から消えるので、和紙は純粋な植物繊維のシートとして残るのです。

（3）灯り

　江戸時代、もっとも一般的だった照明器具は行灯でした。行灯は小さな皿に油を入れ、灯芯をひたして点火するだけですが、むきだしの火では不都合なため、障子紙を貼った枠の中に入れて、広い面積をやわらかく照らすようにしました。使う油は決まっていませんでした。一般に知られているのは菜種油（本来は食用）ですが、値段が高く、19 世紀はじめの文化年間で、一升（約 1.8 リットル）400 文ぐらいしました（一人前の大工の日当が 500 文くらい）。低所得者は、菜種油の半値ぐらいで買える魚油を使いました。魚油はニシンやイワシの油が多く、燃える時にくさい匂を出すのが欠点でしたが、安さは魅力でした。

　では、この行灯の明るさは、どのくらいだったでしょうか。実は 60 ワット電球の 1 ／ 50 か 1 ／ 100 程度にすぎませんでした。

次にろうそくですが、日本のろうそくは、櫨の実を精製（実をつぶして、蒸して、絞って炒る）して作るため、生産量が少なく高価でした。いわゆる百匁ろうそくが一本 200 文ぐらいだったので、ぜいたく品です。黄かっ色をしている生ろうを、日光で漂白して白くする操作だけで一ヵ月もかかったそうですから、とても一般家庭で日常使える品ではありません。ろうそくが、いかに貴重品だったかは、〈ろうそくの流れ買い〉という職業があったことでもわかります。ろうそくのしずくや燃え残りを、目方で買って歩いた、ろうそく専門の廃品回収業者です。

情報・交通

（1）本

270 年余りの江戸時代に日本中で出版された本の点数は 6 万〜7 万点に達するという調査があります。これは 1 年あたり、ほぼ 250 点くらいの計算になります。

これだけの本を出版するのに出版社が何軒ぐらいあったかというと、19 世紀はじめで江戸で 150 軒以上、京都では 200 軒をはるかに超えていたといいます。比較すると、江戸とともに当時、世界三大都市だったロンドンで約 200 社、パリで 140 社ということですから、いかに日本人が本好きだったか、少しはわかるでしょう。本好きということは字を読める人が大勢いたということですよね。江戸時代には義務教育の制度がなかったのに、子供が 7、8 歳から 11、12 歳ぐらいの間に手習師匠（江戸では寺子屋とはいわなかった）に通うのが普通でした。幕末期の江戸府内での就学率は 80％に達していたという統計もあります（18 世紀末のフランスの結

婚証書を調査したところ、自分でサインできたのが、男 47.1％、女 35.8％だったそうです）。また、江戸では女子教育が盛んでした。小さな商売では女子の役割が重要なため、早く実業につかなくてはならない男子以上に読み書きが重要視されていたからです。

話が教育のほうにそれてしまったので、本のほうにもどりましょう。当時、本はかなり高価なものでした。馬琴の読本などは、何冊かまとめてケースに入った新刊書が銀 15 匁から 26 匁、大工の日当の 3〜5 日分ですから、簡単に買えるものではありません。そこで本の流通の主力となったのが貸本屋です。貸本屋は店を構えるものもありましたが、多くは大きな風呂敷包みに本を包んで背負い、得意先をまわって歩く行商でした。

（2）かわら版

かわら版は江戸時代の新聞のようなものです。はじめ、かわらのような土の板に絵や字をほって印刷したことから、こうよばれました。いま残っているもっとも古いかわら版は、大阪城の落城を知らせたもの。江戸時代中期には、火事や大水、心中、かたき討ちなど人々の興味をそそるかわら版が数多く出版されました。かわら版を売る人は、よみうりといわれ、町かどに立って「さあたいへんだ、たいへんだ」などと、よび声をあげ人々の興味をひいて売っていました。中には、歌をうたいながら売る人もいたそうです。また、かわら版は飛脚を通じて京ー大阪ー江戸と流通したので、これら三都に住む人々は、おどろくほど他の都市のできごとや事件にくわしかったといいます。

（3）高札

人が集まる橋のたもとや番屋ノ追分（街道などの分岐点）に法度、掟、お触れ、罪人の罪状などを記した高札が立てられました。

（4）飛脚

郵便制度や電話のなかった江戸時代、大事な情報等は飛脚が走って届けていました。継飛脚は幕府公用の飛脚で、大名飛脚は大名が江戸と国元（領国）との連絡に使いました。町飛脚は1663年に三都の商人が相談してつくったもので、大阪－江戸を6日で走ったことから定六とよばれたり、毎月2日、12日、22日の三回大阪を発したことから三度飛脚ともよばれました。後期は大名飛脚も町飛脚にゆだねることが多くなりました。

物流……ものの流れについて

江戸という町は巨大な消費都市でしたが、消費物資のかなりの重要な部分を上方に頼っていました。

一般に上方から地方に輸送された貨物を「下り物」といい、江戸では京都や大阪方面からもたらされた商品を「下り物」「下り荷」とよんでいました。このことばには、高度な技術でつくられた高級品という意味が込められていました。それに対して江戸の近郷、関東各地から入荷する商品は「地廻り物」（下らぬ物という意味が込められている）とよばれました。

享保の改革のとき、物価統制や流通商品の調整のため、幕府は1724（享保9）年から8年間にわたって、大阪から江戸へ運ばれる生活必需品15品目の数量を調査しました。その調査によると繰綿（綿布の原料）・木綿・油・酒・しょう油の五品が毎年大量に運びこまれているが、米・炭・魚油・塩は年に

よって変動があり、薪や味噌はまったく入ってきていませんでした。

江戸経済圏の成立

18世紀後半に入ると関東・東北では巨大な江戸市場に的を絞った生産が行われるようになってきました。文政年間（1818～30）には江戸の需要の3分の1近くまで地廻り物が占めるようになりました。典型的なのはしょう油。野田・銚子を中心に関東産のしょう油が江戸に進出するようになり、1856（安政3）年の江戸入荷量156万5千たるのうち下り荷はわずか9万たる、6%以下です。また木綿も武州産が下り荷を圧倒するようになりました。これに反して、酒は相変わらず下り物がもてはやされ（ぜいたく品ですからね）、1842（天保13）年から翌年にかけて66万たる以上が運びこまれています。

リサイクル

（1）流す

江戸の町は掘割が発達し、ゴミもきちんと集められて最終的に永代島にきちんと捨てられたので、江戸の町は当時の他の世界の大都市と比べても清潔でした。

しかし、1740年にはパリには立派な下水道があったではないかという人もいるでしょう。

その通り、パリには立派な下水道があり、水洗便所も発達していました。けれども問題はそのあと。パリの立派な下水道に流された汚水はそのままセーヌ川に放流していたのです。しかも当時のパリにはちゃんとした上水道がなかったので、人間の排泄物を含んだ生の下水がどんどん放流されるすぐそばでセー

ヌ川の水を汲み上げて飲料水にしていました。ビクトル・ユゴーは名作『レ・ミゼラブル』の第5部第2編のすべてを下水道の批判に当てて、「下水の一流しは千フランをむだにしている。そこから二つの結果が生ずる。つまり、やせた土地と有毒な水と。飢餓は田地から来たり、疾病は川から来る……下水道は誤った考えだ。」

それでは江戸ではどうしていたのでしょう。実は、農民が肥料として買っていったのです。汲み取り用の肥たご（桶）一荷には、ちっ素分が300g、リンとカリ分が200gぐらい含まれています。これは、大ざっぱにいえば、硫安などの化学肥料にして5kg程度の肥料分に相当する量。したがって、100万といわれた江戸市民は化学肥料に換算して、年間ざっと5万トン近い肥料を生産していた計算になります。

また、この"肥料"の売買もきちんとしていました。農民が汲み取る場所の権利まで決まっていたし、大名家の中には入札でその年の権利者を決めるところもあったほどです。長屋は共同便所なので、大家に所有権があり、幕末期には一年間大人10人分で二分か三分（一両＝四分）でした。個人住宅の場合は物納、つまり一定量の野菜で受け取るのが普通で、『南総里見八犬伝』の著者、滝沢馬琴は15歳以上の成人一人について、年間大根50本、なす50個を受け取っていたと日記に書き残しています。

このようにし尿が田畑へ直行したため、江戸の下水には、生活排水しか流れなかったのです。現代の感覚では、それだけでも川や海を充分汚染しそうに思えますが、実際はほとんど影響はありませんでした。なぜなら、水の使用量が極端に少なかったからです。現在はヒネるとジャーですが、茶わんの水一杯でも汲んで来なければならないのだから、むだにたれ流そうとしてもたれ流しようがなかったのです。昔の人が流したのはせいぜい、米のとぎ汁（これも庭で栽培する野菜にかけて肥料にした）と石けんのなかった時代の洗たくの水ぐらいで（生ゴミも農家が買っていった）、そのかなりの部分は堀や川に流れ込む前に地面に吸い込まれてしまっていたのです。

（2）捨てる

ゴミは船で深川へ運んで土地の造成をすることに決められ、埋め立てる場所として永代島が選ばれました。永代島は今では深川の中心地、富岡八幡あたりです。

また、江戸の人々はものを簡単に捨てなかったのです。道に落ちている紙くずを拾い集める職業まであったし、汚い話ですが、一度使ったトイレのちり紙まで再利用されたというほどです。紙がこうなのですから、金属の回収はさらに徹底的に行われ、川底やゴミ捨場に落ちている金属類を集めるのが専門のよなげ屋という商いもありました。かまどで燃やした灰も灰買いがまわって買い集めていました（良いカリ肥料です）。また、街道筋の農家は馬フンはおろか、古いわらぞうりや馬の沓まで拾い集めて肥料にしていました。

現代の東京がゴミ問題でにっちもさっちもいかなくなっている状況で、いままでの話はずいぶんと参考になったのではないでしょうか。

第 **9** 章
江戸時代（3）

この章のポイント

前章からの流れ

さまざまな問題をかかえながら、江戸幕府の支配は続き、社会生活や文化も少しずつ発展していきました。

ポイント

家康が開いた江戸幕府も200年以上続き、支配体制や鎖国政策がぐらつき始めます。江戸幕府が終わるいろいろな原因を探っていきます。

1 外国船の出現と幕府の取りしまり ——————— 政治

　キーワード ラクスマンとレザノフの来航・異国船打払令・蛮社の獄

2 ペリーの来航と日本の開国 ——————— 政治 社会

　キーワード 日米和親条約と日米修好通商条約

3 開国後の10年 ——————— 政治 社会

　キーワード 安政の大獄・桜田門外の変・生麦事件・薩英戦争
　　　　　　 下関事件・薩長同盟

4 江戸幕府の終わり ——————— 政治

　キーワード 徳川慶喜・大政奉還・王政復古・戊辰戦争

18 世紀	19 世紀											
	江戸時代											
1792	1808	1825	1837	1839	1853	1854	1858	1860	1864	1866	1867	
ロシア使節ラクスマンが来日 林子平が幕府に罰せられる	間宮林蔵が樺太探険	異国船打払令が出る	モリソン号を打ち払う	蛮社の獄	アメリカ使節ペリーが浦賀へ	幕府が日米和親条約を結ぶ	日米修好通商条約を結ぶ 安政の大獄（～59）	桜田門外の変	下関事件	薩長同盟が結ばれる	王政復古の大号令が出る 大政奉還（武家政治が終わる）	

江戸時代（3）

ロシアの動きと大黒屋光太夫

　1792年ロシア使節ラクスマンが日本人をつれて根室に来航しました。その日本人の名は大黒屋光太夫。漂流民で伊勢の船頭でした。光太夫はロシアの女帝エカテリーナの許しで日本に送り届けられてきたのです。もちろんロシアのねらいは日本との通商でした。光太夫らは日本に戻されましたが、幕府は長崎港への入港許可証を与えロシアとの通商を拒否しました。ロシアのスパイと疑われた光太夫らは、軟禁状態におかれきびしい取調べをうけました。その調書は「北槎聞略」とよばれています。1804年にレザノフがこの長崎入港許可証をもって来航することになります。

間宮林蔵

　1807年ロシアの南下の動きに対応して幕府は松前・蝦夷地をすべて直轄地とし、松前奉行をおきます。樺太も直轄地としましたが、地理が不詳のため幕府は間宮林蔵に探査を命じたのです。彼は農家出身でしたが、学問にすぐれ伊能忠敬に測量を学び、1803年から蝦夷地の測量を開始します。間宮は樺太が島であることを確認し、海をわたって黒竜江（アムール川）の調査まで行いました。

1 外国船の出現と幕府の取りしまり

〈1〉外国船の出現

　1792年ロシアの**ラクスマン**が根室に来て通商を求めたのを最初に、19世紀になると外国船がしきりに沿岸に来るようになりました。1804年には同じロシアの**レザノフ**が通商を求めて長崎にやってきました。

〈2〉幕府の対策

　幕府は蝦夷地（北海道）がロシアに侵攻されるのをおそれ、沿岸の防備をきびしくし、伊能忠敬に蝦夷地を測量させ、1808年には**間宮林蔵**などに**樺太（サハリン）**を探検させました。

　1825年には**異国船（外国船）打払令**を出し、あくまで鎖国を守ろうとしました。しかし、1842年アヘン戦争で清がイギリスに敗れた知らせをうけ、老中水野忠邦は水や燃料などの供給を認めました（天保の薪水給与令）。

▲ 北方の探検地図

〈3〉社会批判

　18世紀の中ごろ、安藤昌益は武士の特権を否定し、農業中心の平等な社会（万人直耕の社会）を説きました。

　1837年、アメリカ船モリソン号が漂流した日本人を連れて来航し、通商を求めましたが、打払令によって撃退されました。この事件のあと1839年、蘭学者の**渡辺崋山・高野長英**は異国船を打ち払おうとする幕府の政策を批判したため、罰せられました。この事件を**蛮社の獄**といいます。

② ペリーの来航と日本の開国

〈1〉 黒船の出現

　1853年、アメリカ合衆国の使節**ペリー**が軍艦4せきを率いて**浦賀**（横須賀市）の沖にあらわれ、大統領の手紙を幕府に差し出し、強く開国を求めました。これをきっかけに**開国論**と外国の勢力を打ち払えという**攘夷論**がおきました。幕府は翌年返事をするとして、ペリーを立ち去らせました。

▲黒船来航（船の科学館蔵）

▲ペリー（横浜開港資料館所蔵）

〈2〉 鎖国の終わり

　幕府は1854年、ふたたび神奈川に来たペリーと**日米和親条約**（神奈川条約）を結び、伊豆（静岡県）の**下田**と松前（北海道）の**函館**（箱館）の2港を開きました。時の老中阿部正弘の決断でした。

　1858年、大老**井伊直弼**は、アメリカ総領事**ハリス**の求めに応じて、朝廷の許しを得ないまま新たに貿易を開始する**日米修好通商条約**を結びました。この条約によって函館・神奈川（横浜）・長崎・新潟・兵庫（神戸）の5港が貿易港として開かれました。また、この条約は、**治外法権**（**領事裁判権**ともいいます。外国人が日本で罪をおかしても、日本の法律で裁判できない）を認め、**関税自主権がない**（輸入品に対し、日本が自由に税をかけられない）不平等条約で、ついでオランダ・ロシア・イギリス・フランスとも同じ内容の通商条約を結びました。これを安政の五カ国条約といいます。

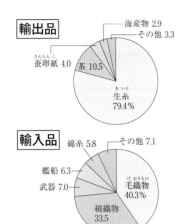

◯ おもな輸出入品（1865年）

〈3〉開国の影響

　貿易が始まると、品不足で物価が上がって人々の生活が苦しくなり、各地で"世直し"を唱える百姓一揆や打ちこわしがあいついでおこりました。

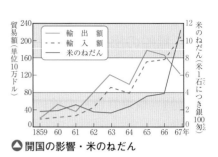

◯ 開国の影響・米のねだん

③ 開国後の10年

〈1〉幕府の動き

　1859年、井伊直弼は幕府の政治を批判する人々を厳しく罰し、長州藩（山口県）の**吉田松陰**らを死罪にしましたが（**安政の大獄**）、翌年、井伊直弼は**桜田門**の外でおそわれて殺されました（**桜田門外の変**）。次に幕政をになった老中安藤信正は**公武合体政策**（朝廷と幕府が協力して政局の安定をはかろうとする政策）をすすめ孝明天皇の妹の和宮が降嫁しましたが、1862年、安藤は坂下門外の変で失脚しました。

開国・開港の影響

　貿易は1859年横浜・長崎・函館の3港で始まりました。輸出入は**居留地**において、外国商人と日本商人のあいだで銀貨を用いて行われました。日本の輸出品の8割は**生糸**、ついでお茶でした。輸入品は毛織物・綿織物が7割をこえ、ついで鉄砲・艦船などの軍需品でした。貿易額は急速に拡大し国内の物価が上昇したり、安価な綿織物の大量輸入のため、国内の綿織物業が圧迫されました。庶民は客が来ても茶の一ぱいも出せず、さらには米価の値上がりなどで、人々の外国への憎悪が強まりました。1862年の**生麦事件**はそのような激しい攘夷の機運の中でおこった事件なのです。

〈2〉 国内の動き

　1863年、尊王攘夷論を主張する長州藩は下関海峡を通る外国船を砲撃しましたが、翌年、アメリカ・イギリス・フランス・オランダの四国連合艦隊に攻められました（**下関事件**）。また1863年、薩摩藩（鹿児島県）もイギリス艦隊と戦って大きな損害を受けました（**薩英戦争**）。

　これ以降、外国の力を知って軍備の立て直しをはかり、天皇を中心にした政治を打ち立てるために、幕府を倒そうという動きが高まりました。こうして尊王攘夷から尊王倒幕に大きく舵が切られたのでした。

〈3〉 幕府のおとろえ

　幕府は、1864年と1866年の2回にわたり、尊王攘夷の中心だった長州藩を攻めましたが失敗しました。長州藩の**高杉晋作**は、武士だけでなく町人・農民も加えた**奇兵隊**をつくり、幕府軍と戦いました。

〈4〉 身分の低い武士の進出

　薩摩藩の**西郷隆盛・大久保利通**、長州藩の高杉晋作・**桂小五郎**（木戸孝允）、土佐藩（高知県）の**坂本竜馬**や、岩倉具視らの京都の公家が活躍しました。1866年、坂本竜馬は薩摩藩と長州藩を結びつけ、幕府を倒すために協力させました（**薩長同盟**）。

△西郷隆盛

△大久保利通

発展キーワード

攘夷から倒幕へ

　1862年、横浜生麦村で薩摩藩士が行列の前を馬で横切ったイギリス人たちを斬りつけた生麦事件がきっかけで、翌年薩摩藩とイギリスは戦争をします。薩摩藩は砂糖専売の利益で武器を購入していたので、かなり善戦はしましたが敗北を喫しました。しかしこれをきっかけに薩摩とイギリスは接近していきます。また1863年長州藩は下関海峡を通る外国の艦船を砲撃して、攘夷を決行しますが、翌年四国連合艦隊の報復をうけ、下関砲台を占拠されてしまいます。長州藩も武力による攘夷が不可能であることをさとり、攘夷から倒幕へとねらいを改めていきました。

△坂本竜馬

△木戸孝允

4 江戸幕府の終わり

〈1〉 政権の返上

　15代将軍**徳川慶喜**は、幕府による政治を続けることは難しいと考え、1867年、政権を天皇に返しました。これを**大政奉還**といいます。約260年続いた江戸幕府は倒れ、700年あまり続いた武士の政治が終わりました。

〈2〉 王政復古

　朝廷は、天皇の政治にもどすことを宣言し（**王政復古の大号令**）、**明治天皇**のもとに新しい政府をつくろうとしましたが、旧幕府側は納得せず、1868年、旧幕府軍と新政府軍との間に戦争がおこりました。鳥羽・伏見（京都府）の戦いから函館の五稜郭の戦いまで続く一連の戦いを**戊辰戦争**といいます。

▲五稜郭

江戸城無血開城ウラ話

　かたや新政府代表西郷隆盛、かたや江戸幕府代表勝海舟。1868年3月、二人は江戸城明け渡しの交渉を行います。ウラ舞台でこの交渉に影響を与えていたのは、イギリス公使パークスとその片腕アーネスト＝サトウ。西郷は江戸城総攻撃を決意していたといわれますが、パークスは全面的な内乱が拡大すると貿易の発展に悪影響をおよぼすと考え、西郷に態度を軟化させるように説得したといいます。勝海舟も江戸が総攻撃された場合にそなえ町中の人々を避難させる手立てを準備していたようです。結果として両者は合意に達し、全面武力対決は回避されましたが、これを不服とする旧幕府側の彰義隊は、上野にたてこもります。しかし、この抗戦も大村益次郎の指揮する新政府軍により一日で鎮圧されてしまいました。もし両者が江戸で激突していたら街中は壊滅していたでしょう。無血開城により多くの人命と財産が守られたのでした。

歴史コラム ①開国期のアジア

　日本が開国した 19 世紀には、ヨーロッパ諸国では蒸気機関の実用化などにより、交通手段が画期的に変化しました。また、工業生産の増大によってヨーロッパ諸国は、製品を販売する国外市場や原料の供給地を強く求めるようになりました。その結果、欧米列強のアジア進出がすすみ、インド全土がイギリスの支配下に入り、ビルマ（現在のミャンマー）・マレー半島・シンガポールなども大半がイギリスの植民地となりました。また、イ

ンドシナ半島にはフランスが勢力をのばしており、フィリピンは 16 世紀からスペインの、インドネシアは 17 世紀からオランダの植民地でした。中国は、1840 〜 42 年にかけてのイギリスとのアヘン戦争に敗れたのをきっかけに、列強の侵攻をゆるし、北方からはロシアの圧力を受けて、多くの領土を失いました。日本の開国とその後の明治維新は、こうした国際情勢の中で、対外的な強い危機意識を支えに達成されました。

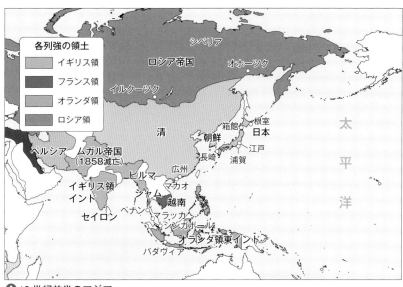

各列強の領土
- イギリス領
- フランス領
- オランダ領
- ロシア領

シベリア

ロシア帝国

オホーツク

イルクーツク

清

朝鮮

箱館
根室
日本
江戸
浦賀
長崎

ペルシア

ムガル帝国
（1858 滅亡）

イギリス領
インド

ビルマ

シャム

広州

マカオ

越南

太平洋

セイロン

ペナン

マラッカ

シンガポール

オランダ領東インド

バタヴィア

▲19 世紀前半のアジア

歴史コラム　②鉄道と通信

　1854 年に再びペリーが来航した時、アメリカ大統領から 13 代将軍徳川家定に贈り物がもたらされました。その中の１つに、蒸気機関車の模型があり、その実演を見た日本の人々は大きな衝撃を受けました。それから 18 年後の 1872 年、イギリス人技師モレルの技術指導の下で、品川〜横浜間に日本最初の鉄道が開通し、「陸蒸気」とよばれました。その後、品川〜新橋間が延伸され、この「陸蒸気」は新橋〜横浜間を 53 分かけて走りました。東海道線はその後、1874 年に大阪〜神戸間、1877 年に大阪〜京都間が開通し、残りの区間は 1886 年に着工され、1889 年に新橋〜神戸間が全通しました。これにより、江戸時代の駕籠による旅では十数日かかった東京〜大阪間が、18 時間 52 分で結ばれることになりました。

　ペリーが日本にもたらした贈り物の中には電信技術もありました。アメリカ人たちは日本の人々の目の前で、100 mほどの間隔で７本の電柱をたてて実験してみせたといいます。それから 15 年後の 1869 年、東京〜横浜間で日本で最初の電信が開通しました。電信網は日本の近代化とともに急速に広がり、1877 年には北海道から九州まで拡張されました。江戸時代では、米相場などの情報を早く伝えるために、手旗を使ったりのろしをあげたりしたことを考えると、この間の科学の進歩は著しいものでした。

　さらに科学の進歩した現代の日本では、東海道新幹線が東京〜新大阪間を最速２時間 22 分で走り、また国際通信網によって世界が瞬時に結ばれています。

🔺イギリスから輸入された日本の１号機関車。「150 形式蒸気機関車　車号 150」（1871年製造）

第 ⑩ 章
明治時代（1）

この章のポイント

前章からの流れ
　200年以上続いた江戸幕府が弱体化し、鎖国が終わり、開国をしました。徳川慶喜は政権を天皇に返し、武士の時代が終わりました。

ポイント
　新しい政府（明治政府）はどのように改革をすすめたのか。海外の動きを見ながら考えます。新しい体制とその問題点を見ていきましょう。

1 **明治維新** ──────────────── 政治
　キーワード　五箇条の御誓文・五榜の掲示

2 **明治新政府の政治と社会のしくみ** ──────── 政治　社会
　キーワード　版籍奉還・廃藩置県・四民平等

3 **富国強兵** ──────────────── 政治　社会
　キーワード　殖産興業・官営工場・徴兵令・地租改正

19世紀
明治時代

1868	1869	1871	1872	1873	1877
五箇条の御誓文を出す 五つの立て札（五榜の掲示）	江戸を東京と改める 東京に都を移す 版籍奉還を行う	東京・横浜間に電信が開通 廃藩置県を行う 全国を1使3府302県とする 郵便制度が始まる	『学問のすゝめ』（福沢諭吉） 学制を定める 新橋〜横浜の間に鉄道が開業 太陰暦にかわり太陽暦に ガス灯がつく（横浜） 士農工商を廃止（四民平等）	徴兵令が出る 地租改正	東京銀座にれんが街が完成

明治時代（1）

五箇条の御誓文と五榜の掲示

「御誓文」は明治天皇自身が群臣をしたがえて天地の神々に誓約するという形をとりましたが、太政官がかかげた「掲示」はキリスト教を邪教として禁じるなど国民への命令という形をとりました（その後イギリスなどの抗議を受けて1873年立て札は廃止されました）。

キリスト教禁止 浦上天主堂事件

新政府成立後も五榜の掲示によってキリスト教は禁止されていました。長崎の浦上では名乗り出た隠れキリシタンたち3380名が捕らえられ、西日本の21藩に流刑に処されました（浦上信徒弾圧事件）。その5分の1が拷問・迫害のため死んだとされています。寛政の迫害以来四度目なのでこの事件を「浦上四番崩れ」といいます。列国はこれに激しく抗議しました。その後岩倉使節一行が欧米を視察したとき、キリスト教禁教が条約改正に悪影響を与えていることを知り、1873年になってようやく禁教が解かれました。

1 明治維新

〈1〉明治新政府の成立

1868年、政府は新しい政治の方針である**五箇条の御誓文**を示し、国民が守るべきことを五つの立て札（**五榜の掲示**）に書いて、全国の町や村に立てました。ついで、江戸を**東京**として、元号を**明治**と改め、翌年、東京に都を移しました。

資　料

《五箇条の御誓文》
　一、政治のことは、会議を開き、みんなの意見を聞いて決めよう。
　一、みんなが心を合わせ、国の政策を行おう。
　一、みんなの望みがかなえられる満足のいく政治をしよう。
　一、これまでのよくないしきたりを改めよう。
　一、知識を広く世界の国々に学び、国を栄えさせよう。

〈2〉明治維新

新政府の成立と、近代国家建設に向けてヨーロッパの進んだ国々を手本にして行われた、政治や社会の大きな改革を**明治維新**といいます。

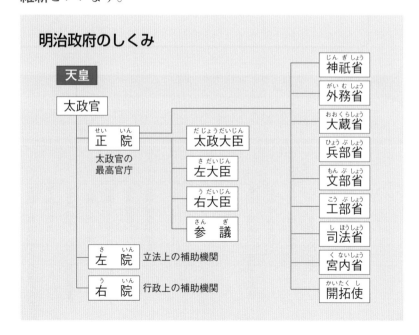

明治政府のしくみ

2 明治新政府の政治と社会のしくみ

〈1〉領地と人民の返上

　新政府ができても、全国では大名がそれぞれの藩を治めていたので、1869 年政府は、諸大名の領地（版）と領民（籍）を天皇に返させました。これを**版籍奉還**といいます。この措置は形式的なもので旧藩主はそのまま知藩事となりました。しかし実はその後の廃藩置県の布石でもありました。

〈2〉廃藩置県

　政府は 1871 年藩を廃止して全国を 1 使 3 府 302 県（その後 72 県）とし、政府が派遣した役人（府知事・県令）に治めさせました。これを**廃藩置県**といいます。こうして中央政府の方針が地方の政治を動かす、中央集権体制の基盤ができました。

〈3〉四民平等

　政府は士農工商の身分制度をやめ、**四民平等**をとなえ農工商の人々も苗字（名字）を名乗り、職業や住む場所を自由に選べるようにしました。しかし、天皇の一族は**皇族**、公家や大名は**華族**、武士は**士族**、農工商は**平民**という新しい身分制度ができました。

　また、被差別の人々は戸籍上は新平民とされ、差別が続く原因ともなりました。

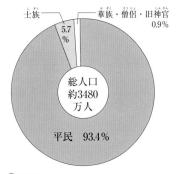

士族 5.7% 　華族・僧侶・旧神官 0.9%
総人口 約3480 万人
平民　93.4%

▲四民の割合

版籍奉還・廃藩置県

　版籍奉還を計画し実行した中心人物は大久保利通と木戸孝允・西郷隆盛などでした。1869 年 1 月、薩摩・長州・土佐・肥前の藩主は版籍奉還を申し出、ついで諸藩主もこれにならいました。さらに政府は中央集権の実をあげるべく次の政策を実行に移しました。薩・長・土の 3 藩から 1 万人の兵力を集め、政府直属の御親兵として中央の軍事力を固めました。そして、各藩の実力者を政府に入れて強化し、ひそかに計画が進められ、1871 年 7 月廃藩置県の詔を発していっきょに藩を廃止しました。この廃藩置県が大きな抵抗もなく成功した理由として、戊辰戦争などで各藩が財政的に苦しかったことや、欧米先進列強と対抗するには中央集権体制の強化が必要だという理解がかなり広まっていたことなどがあげられます。

③ 富国強兵

〈1〉 富国強兵

政府は、ヨーロッパの諸国やアメリカ合衆国に早く追いつくために「富国強兵」をスローガンに、近代工業をおこして国力を高め（殖産興業）、強い軍隊を持つことに力を入れました。

〈2〉 徴兵令

近代的な陸海軍の軍隊をつくるため、1873年、**徴兵令**が出され、20才以上の男子は士族・平民にかかわらず検査を受けて軍隊に入ることが義務づけられました。これに対して農民は、各地で徴兵反対の一揆をおこしました（血税一揆）。

〈3〉 地租改正

政府は1873年、国の収入を安定させるため、これまで収穫高に応じて米で納めていた年貢を、土地に対する税（**地租**）に改め、土地の持ち主や地価、税額を記した地券を発行して、決められた土地の値段（地価）の**3パーセントにあたる税を土地の持ち主に現金で納めさせる**ことにしました。これにより、決まった収入にもとづいて、予算を立てられるようになりましたが、地租改正に反対する農民の一揆がおこりました。そこで政府は1877年に、税率を2.5パーセントに引き下げました。

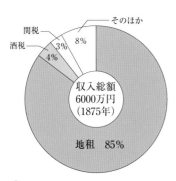

△ 国の収入に占める地租の割合

関税　そのほか
酒税　3%　8%
4%
収入総額
6000万円
(1875年)
地租　85%

発展キーワード

地租改正への不満

従来の農民負担が軽くなったわけではなく、所有者があいまいな入会地（農民が共同で管理していた土地）などは国有になってしまうなど、農民たちは不満をつのらせました。

日本の歴史 ステップアップ **高まる士族や農民の不満**

　四民平等が唱えられ平民に苗字をつけることが公認され、結果的には武士の身分的特権がなくなりました。国家財政の3割を占めていた旧武士たちへの俸禄支給を整理する、いわゆる秩禄処分も士族の不満をかきたてます。さらに1876年の廃刀令は武士の特権を奪うものであり、士族の不満がますます高まりました。かたや農民についてみると、1872年の徴兵告諭に「血税」という文字があったことから、生き血をしぼりとられると誤解し、いわゆる血税一揆とよばれる徴兵反対暴動がおこりました。1873年の地租改正にも、農民たちは不満をつのらせました。西南戦争や地租改正反対一揆などの大事件の背景には、このような社会的問題があったのです。

〈4〉 近代産業発展への努力

　外国から機械を買い入れ、技師を招いて兵器製造の軍需工場や鉱山を政府が経営し、製糸・紡績などの**官営工場**をつくり、民間に手本を示しました。代表的な官営工場は**富岡製糸 場**（群馬県）でした。また、貨幣や銀行の制度を整え、1872 年には新橋（東京都）〜横浜（神奈川県）間に**鉄道**をしき、また電信・郵便制度などを始めました。

▲ 富岡製糸場

〈5〉 北海道の開拓

　明治政府は、蝦夷地を**北海道**と改めました。北海道には士族が集団で移住し、**屯田兵**となって北海道の開拓と北方の防備にあたりました。また、札幌に**開拓使**がおかれました。

「西郷どん」という人物

　1827 年鹿児島城下で下級武士の家に誕生、同じ町内で同じ家格の三歳年下の大久保利通とは幼なじみでした。西郷の才能を見抜いた薩摩藩主島津斉 彬 に登用されますが、その死後実権をにぎった久光は西郷を理解できず、二度にわたり流罪になりました。1864 年の禁門の変では薩摩軍参謀として長州軍と戦いますが、1866 年に坂本竜馬の協力で薩摩と長州の同盟が成立し、討幕派に転じます。王政復古の大号令の時は大久保とともに活躍し、江戸城無血開城をすすめたことは有名です。維新ののち岩倉使節団が欧米訪問中は、留守政府の責任者として徴兵制や地租改正に取り組みますが、のちいわゆる「征韓論」で敗れて鹿児島に帰郷、1877 年西南戦争に敗れて死去しました。福沢諭吉は西郷の抵抗精神をほめ、内村鑑三は「最大にして最後の武士」とたたえています。

歴史コラム

①外国人の見た廃藩置県

1871（明治4）年7月に断行された廃藩置県は、明治政府が一方的な通告によってすべての知藩事（旧藩主）を解任し、封建割拠体制を解体した一大変革であり、藩の側から見れば、まさしく青天の霹靂でした。

ちょうどそのころ、福井藩の藩校明新館で物理と化学を教えていた若いアメリカ人教師グリフィスは、廃藩置県を伝達する使者が東京から到着したとき、福井に大きな興奮と動揺がおこったことを、その著書（『明治日本体験記』）の中で生き生きと記しています。しかし、同時に彼は、知識ある藩士たちが、「これからの日本は、あなたの国やイギリスのような国々の仲間入りができる」と、意気揚々とグリフィスに語ったとも書いています。

明治新政府の実力者で、廃藩置県の必要性を早くから唱えていた木戸孝允は、廃藩置県発令の日の日記に「ここにおいて700年の旧弊ようやくその形を改む。はじめてやや世界万国と対峙の基定まるといふべし」と記しています。同じような認識が政府と藩の双方にあったことは、廃藩置県が比較的円滑に実施された理由を理解するうえで興味深いものです。

1871年10月1日、福井では城の大広間で前藩主と前藩士たちの告別の式典が行われ、翌日、前藩主の東京出立を晴れ着で着飾った数千の領民が見送ったといいます。

②形式的な解放令

17世紀末ころから江戸幕府や諸藩は、最下層の身分の人々に対し、宗門帳を別にしたのをはじめ、居住地、職業、服装などのあらゆる面で農工商との差別を強めました。このため、18世紀後半ころから、これらの人々の抵抗運動が強まり、身分をかくして居住地から抜け出したり、百姓一揆に加わったりする者も現れました。幕末になると、幕府や一部の藩では賤民身分から抜け出したいという彼らの願望を利用して、御用金の上納や軍役の徴用をはかるとともに、一部を解放しました。

明治政府は、四民平等の建前や外国への体裁、また民間からの建議などもあって、1871年8月、今後は、賤民の身分、職業とも平民と同様に取り扱うという解放令を布告しました。かねてよりこうした動向を察知していたこれらの人々は狂喜し、平民並みの取り扱いを要求する動きがさまざまな地方でおこりました。

明治政府が解放令を出した意義は大きいものでしたが、それに見合う十分な施策は行われませんでした。皮革業の自由化や納税、兵役、教育の義務づけなどでこれらの人々の生活は苦しく、ことに結婚や就職などの差別が根強く続きました。

第11章
明治時代（2）

この章のポイント

前章からの流れ

ヨーロッパの進んだ国に負けない国づくりを目指し、薩長中心の明治政府はさまざまな改革をすすめました。

ポイント

薩長中心の政府から憲法の制定まで。明治政府の目指す「近代国家」への歩みを見ていきます。

1 文明開化 ──────── 社会 文化
キーワード ランプ・太陽暦・学制

2 新しい政府に対する不満 ──────── 政治
キーワード 征韓論・佐賀の乱・西南戦争

3 自由民権運動 ──────── 政治 社会
キーワード 自由党・立憲改進党・秩父事件

3 憲法と国会開設 ──────── 政治
キーワード 内閣制度・大日本帝国憲法・帝国議会

19世紀								
明治時代								
1871	1874	1877	1880	1881	1882	1885	1889	1890
岩倉具視・大久保利通欧米へ	民撰議院設立の建白書／自由民権運動が始まる	西南戦争がおこる	国会開設の意見書を出す	国会開設の勅諭	板垣退助が自由党を結成／大隈重信が立憲改進党を結成	内閣制度発足	大日本帝国憲法を発布	第1回衆議院議員総選挙／第1回帝国議会が開かれる

明治時代（2）

1 文明開化

〈1〉文明開化

　西洋の制度・技術、生活の仕方やものの考え方など、西洋風のものが何でも取り入れられ、人々のくらしを大きく変えました。これを**文明開化**といいます。とくに文明開化の象徴とされたのは、ランプでした。しかし、こうした文明開化が広まったのは、大都市に限られていました。

🔵 洋風化が進む東京銀座（東京名所之内銀座通煉瓦造鉄道馬車往復図）

〈2〉生活の変化

　まげを切り洋服を着る人がふえ、銀座では街頭にガス灯がつけられ、鉄道馬車が走り、レンガ造りの建物が並び「開化」を印象づけました。

　また、牛肉を食べる習慣も人々に広まりました。

　1872年には**太陽暦**も取り入れられ、また新聞や雑誌も発行されました。

〈3〉新しい教育

　国民の教育に力を入れた政府は、1872年に**学制**を定め、6才以上の男女が身分に関係なく小学校に入学する教育制度を設けました。

〈4〉新しい考え方

　福沢諭吉は、多くの本を著して西洋の進んだ文明の様子を伝え、『学問のすすめ（すゝめ）』の中で、人間の平等と学問を学ぶことの大切さを説きました。

2 新しい政府に対する不満

〈1〉士族や農民の反乱

　1868 年の五箇条の御誓文では、政治は人々の意見にしたがって行うと宣言されていましたが、実際は薩摩藩（鹿児島県）や長州藩（山口県）など一部の藩の出身者によって藩閥政治が行われていました。

　四民平等や徴兵令、政府からもらっていた収入の打ち切り、刀を差すことの禁止令などで武士としての特権を失った士族は、新しい政府に対する不満を強め、1874 年の佐賀の乱をはじめとして各地で反乱をおこしました。くらしが楽にならない農民も各地で徴兵反対や地租改正反対の一揆をおこしました。

△主な士族の反乱

〈2〉西南戦争

　1877 年、鹿児島の士族たちが、武力で朝鮮を開国させようという征韓論に敗れて政府の高官をやめた西郷隆盛を指導者として、九州で反乱をおこしました。これを西南戦争といいます。西郷軍は政府の新しい軍隊に打ち破られ、西郷隆盛は自殺しました。この西南戦争を最後に、士族の抵抗の舞台は自由民権運動となっていきます。

「天は人の上に人をつくらず。人の下に人をつくらずといえり。されば天より人を生ずるには、万人は万人みな同じ位にして、生れながら貴賎上下の差別なく……。ただ学問を勧めて物事をよく知る者は貴人となり富人となり、無学なる者は貧人となり下人となるなり。」

△『学問のすすめ』　1872 年に出版されベストセラーになりました。

発展キーワード

「明治六年の政変」士族・農民の反乱

「征韓論」問題は現在も詳細が不明な一大事件ですが、これをきっかけに、西郷隆盛・板垣退助・江藤新平ら維新の有力者の多くは下野しました。新政府はこの事件で二分されてしまったのです。これを「明治六年の政変」といいます。1874 年の佐賀の乱ののち 1876 年の廃刀令・俸禄の停止などで士族の不満はさらに高まり、神風連の乱・秋月の乱・萩の乱、そして 1877 年西南戦争がおきました。そのような中 1876 年には地租改正反対の農民の一揆（竹槍一揆）も発生し、政府は地租率を 3 パーセントから 2.5 パーセントに引き下げざるをえませんでした。

● 板垣退助

● 政治運動の取りしまり

③ 自由民権運動

〈1〉政府への批判

　薩摩藩や長州藩などの出身者によって動かされていた政治（藩閥政治）に反対する人々は、武力ではなく、言論の力で政府とたたかう考えを強めました。

〈2〉自由民権の考え

　明治の初め、イギリスやフランスの議会制度の様子が日本にも伝わり、"人間はみな自由・平等で、すべての国民は政治に参加する権利がある"という自由民権の考えが広まりました。

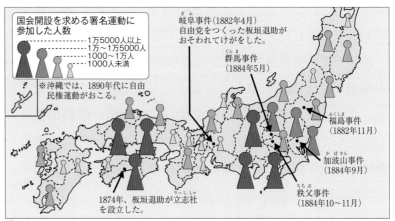

国会開設を求める署名運動に参加した人数
　1万5000人以上
　1万〜1万5000人
　1000〜1万人
　1000人未満

※沖縄では、1890年代に自由民権運動がおこる。

岐阜事件（1882年4月）
自由党をつくった板垣退助がおそわれてけがをした。

群馬事件
（1884年5月）

福島事件
（1882年11月）

加波山事件
（1884年9月）

秩父事件
（1884年10〜11月）

1874年、板垣退助が立志社を設立した。

● 自由民権運動の広がり

発展キーワード

秩父事件

　埼玉県秩父地方は養蚕がさかんでしたが、1881年の松方財政の不況で生糸の値段が下落したため、農民たちは旧自由党員を中心に困民党を結成し、高利貸しにとられた地券を奪うため、84年に決起しました。困民党総裁田代栄助・参謀長井上伝蔵らに率いられた農民が高利貸しや警察分署を焼き討ちにしたのです。1万人にふくらんだ農民軍は秩父一帯を制圧し、秩父の郡役所を占領して「革命本部」の表札をたてました。しかし自由党は決起直前に解党し、政府も軍隊と新式の村田銃を投入して反撃し、10日間で鎮圧してしまいました。

〈3〉自由民権運動

　1874 年、政府の高官をやめた**板垣退助**らは、「議会を開いて、国民を政治に参加させよ」という意見書（**民撰議院設立の建白書**）を政府に出しました。これが**自由民権運動**の始まりです。やがて、議会政治を求める自由民権運動は、全国に広まりました。

　1880 年、全国から集まった代表が、大阪に集まって**国会期成同盟**を結成して、国会開設の意見書を政府に差し出しました。政府は集会条例を定めて民権運動を取りしまったものの、このような運動の高まりを無視することができず、翌年国会を 10 年後の 1890 年に開く約束をしました。

〈4〉初めての政党

　国会の開設に備えて、1881 年、**板垣退助**は**自由党**を、翌年、**大隈重信**は**立憲改進党**をつくり、それぞれ憲法の案を発表しました。

4 憲法と国会開設

〈1〉憲法をつくる準備

　政府は、**伊藤博文**をヨーロッパへ派遣し、各国の憲法や政治のしくみを調べさせました。伊藤は帰国後、皇帝の権力が強いドイツ（プロシア）の憲法を参考にして、憲法の草案をつくりました。憲法の草案は、天皇の相談に応じるためにつくられた枢密院で審議をかさねました。

〈2〉内閣制度

　1885 年、行政の力を強めるため、帰国した伊藤博文は**内閣制度**をつくり、初代の**内閣総理大臣**に任じられました。

民間の憲法草案

　民権家による憲法草案は現在見つかっているだけで 50 をこえています。植木枝盛が作成した『東洋大日本国国憲按』は、国民の抵抗の権利を認めるなど人権の保障を徹底したものでした。
1. 日本の国家は日本人の自由権利をなくしたり、へらしたりする規制をつくってはいけない。
2. 日本人民は思想の自由を持つ。
3. 政府が憲法に違反するときは、日本人民は従わなくてもよい。

総理大臣	伊藤博文	長州藩	伯爵	45 歳
外務大臣	井上馨	長州藩	伯爵	51 歳
内務大臣	山県有朋	長州藩	伯爵	48 歳
大蔵大臣	松方正義	薩摩藩	伯爵	51 歳
陸軍大臣	大山巌	薩摩藩	伯爵	44 歳
海軍大臣	西郷従道	薩摩藩	伯爵	43 歳
司法大臣	山田顕義	長州藩	伯爵	42 歳
文部大臣	森有礼	薩摩藩	子爵	39 歳
農商務大臣	谷干城	土佐藩	子爵	49 歳
逓信大臣	榎本武揚	幕臣		50 歳

▲初代内閣の大臣

〈3〉大日本帝国憲法

　1889（明治22）年2月11日、大日本帝国憲法が東アジアで最初の近代的憲法として明治天皇の名で発布されました（天皇が定め、国民に与える形式をとった憲法を**欽定憲法**といいます）。国民は議会を通じて政治に参加することができるようになりましたが、国の**主権**は**天皇**が持ち、軍隊の統帥権（軍隊を指揮・命令する権限）も天皇にありました。

資　料

大日本帝国憲法

第1条　　大日本帝国ハ万世一系ノ天皇之ヲ統治ス

第3条　　天皇ハ神聖ニシテ侵スヘカラス

第4条　　天皇ハ国ノ元首ニシテ統治権ヲ総攬シ
　　　　　此ノ憲法ノ条規ニ依リ之ヲ行フ

第11条　　天皇ハ陸海軍ヲ統帥ス

●大日本帝国憲法の発布（「憲法発布式」和田英作画　聖徳記念絵画館蔵）

伊藤博文の憲法調査

　伊藤博文は君主権の強いドイツ（プロシア）の憲法を模範にして、天皇が立法と行政の両権の上にたち、強大な君主権を保障する憲法にしようと決意していました。1882（明治15）年伊藤は岩倉具視に以下のような手紙を書いています。「ドイツでは有名な憲法学者グナイストとオーストリアの法学者スタインの両先生に学んで、国家という組織の大体を了解することができました。皇室の基礎を固め、天皇の権力を低めないようにという最大のねらいは十分達したので、後日伝えます。英米仏の自由過激論者の説のみを正当なよりどころと誤信し、国家をあやうくする勢力が日本にもありますが、これをばん回する道理と手段を得ました。」こうして明治の欽定憲法は作り上げられたのでした。

〈4〉 衆議院議員の総選挙

憲法発布の翌1890（明治23）年に**第1回衆議院議員総選挙**が行われましたが、選挙権を持つ者は、**15円以上の税金を納めた25才以上の男子**に限られ、その割合は国民100人に1人ぐらい（全人口の1.1パーセント）でした。

○明治の選挙の様子

発展キーワード

農民層の分解・地主選挙

地租5円から10円を納める人数をみますと、1881（明治14）年には93万人でしたが、1887（明治20）年には68万5000人と大きくへっています。地租10円以上納める人数もへっていますから、とくにこの時期中農層が没落していることがわかります。こうして少数の地主・富農・富商に資金が集中して、資本主義の発達に不可欠な労働力が農村に生み出されていきました。1890年の第1回総選挙の有権者は直接国税（地租・所得税）15円以上納める25才以上の男子でしたが、これはかなり高額な税額による制限選挙でした。全国人口4000万人の1.1パーセントの45万人しか選挙権をもてませんでした。選挙結果は自由民権の流れをくむ民党が、政府系の党派である吏党をしのいで、過半数をとりましたが、全体として地主の利害を代表する議員たちであったのは、有権者たちの資格を考えれば当然だったのです。

発展キーワード

憲法のモデルと皇室典範

君主権の強いドイツ（プロシア）の憲法が大日本帝国憲法のモデルとされました。また、憲法と同時に皇室典範が公布され、皇統の男子（長子）が皇位をつぐことが定められました。

〈5〉 帝国議会の開設

総選挙後、**第1回帝国議会**が開かれました。帝国議会は、**貴族院**（皇族・華族と天皇の任命した議員）と**衆議院**（国民の選挙で選ばれた議員）に分かれていました。こうして日本は、東アジアで最初の立憲国家となりました。

日本の歴史 ステップアップ 憲法をむかえる国民の表情

◆ドイツ人医師ベルツの日記から……東京全市は二日後の憲法発布をひかえてその準備のため言語に絶した騒ぎを演じている。いたるところ、奉祝門、照明、行列の計画。だがこっけいなことには、誰も憲法の内容をご存知ないのだ。

◆幸徳秋水『兆民先生』……「天皇より賜った憲法は果たしていかがなものかな。玉か瓦か、いまだその実を見もしないでまずその名に酔っている。わが国民のおろかしいのはこのことだ。憲法の全文が届くと、（中江兆民）先生は一読してただ苦笑するのみだった。」

◆「今日は憲法様のお祭りだ。絹布の法被をくださる日だ！」と勘違いしてよろこんだ者もいたという。

歴史コラム　明治以降のアイヌの人々の生活

　1869 年新政府は北海道に開拓使を設置する一方、アイヌ民族に対して氏名を和人（本土の日本人）風に改めさせて戸籍に編入し、独特の習俗を禁止するなど、同化政策を進めていきました。狩猟のための毒矢を禁止し、北海道地券発行条例などにより、かれらの土地を奪い取っていきました。これは狩猟・漁労に依存してきたアイヌ民族の生活の基盤を奪いさるものでした。1899 年に成立した「旧土人保護法」は困窮したアイヌを保護するというスタイルをとり、かれらに土地を与え、農耕を行わせることで生活を改善させ、同時に教育もほどこすというのが、この法律の基本線でした。

　しかし与えられた土地は農業に適さないものでした。しかも自ら出願することが必要となっていたので、そのような手続きに不慣れなため、かれらの多くは土地を手に入れることができませんでした。さらに農業に不慣れな者は農業経営に失敗し、和人にだまされて土地を失う者もいました。

　また教育面では各地にアイヌ小学校もつくられましたが、和人より 2 年も短い修学になっていて、しかも地理・歴史・理科の科目がないという差別的なものでした。何よりもアイヌ語・アイヌ文化は否定され、日本語だけの教育を行うことで、日本人への同化・皇民化が強制されました。

　ところでこのような先住民族の社会・文化を徹底的に破壊する計画的な「保護法」を、当時の日本政府はどこで学んだのでしょうか。実はそれにはモデルがあったといわれています。そのモデルとは 1887 年アメリカで成立したドーズ法（正式には「インディアン一般土地割当法」といいます）で、この法律は白人によるネイティブ・アメリカン（アメリカンインディアン）からの土地収奪の総仕上げとなったものでした。早くから渡米し「太平洋の橋」になる希望を実践した新渡戸稲造がこの法律を学び、「旧土人保護法」の策定にかかわったといわれます。こうして「保護法」は数回国会で廃案になったのち、1899 年に成立しました。

　ネイティブ・アメリカン（アメリカンインディアン）とアイヌ民族、両者の社会・文化を大きく破壊した 2 つの法律に展開されている文明論には、少数民族の文化を「野蛮」とみる、「文明国」の思い上がりがあるのではないでしょうか。

　1997 年になってやっと「アイヌ文化の振興ならびにアイヌの伝統等に関する知識の普及及び啓発に関する法律」（通称「アイヌ新法」）が施行されました。長らくアイヌ民族を差別してきた「旧土人保護法」はこれで廃止されました。これからは自然との共存を大切にするアイヌ文化をみんなで大切に保存したいものです。

第12章
明治時代（3）

この章のポイント

前章からの流れ

　大日本帝国憲法が制定され、帝国議会も開設されました。文明開化や自由民権運動などが広まる中、明治政府の基盤が確立されていきます。

ポイント

　文明国として基盤が固まりつつある日本の対外関係、国内問題、文化をみていきます。

1｜明治初期の対外関係 ──────── 政治
　キーワード 日清修好条規・日朝修好条規・樺太・千島交換条約・琉球処分

2｜不平等条約改正 ──────── 政治
　キーワード ノルマントン号事件・領事裁判権（治外法権）の撤廃・関税自主権の回復

3｜日清戦争 ──────── 政治 社会
　キーワード 甲午農民戦争・下関条約・三国干渉

4｜日露戦争と韓国の併合 ──────── 政治 社会
　キーワード 日英同盟・ポーツマス条約

5｜工業の発展と社会問題 ──────── 社会
　キーワード 産業革命・八幡製鉄所・足尾銅山鉱毒事件

6｜明治の文化と社会 ──────── 社会 文化
　キーワード 教育勅語・西洋文化・自然科学の発達・社会主義運動

19世紀												20世紀					
明治時代																	
1871	1875	1876	1882	1885	1886	1887	1890	1891	1894	1895	1897	1901	1902	1904	1905	1910	1911
日清修好条規を結ぶ	樺太・千島交換条約を結ぶ	日朝修好条規を結ぶ	東京専門学校ができる	坪内逍遥『小説神髄』を著す	学校令が出される	二葉亭四迷が『浮雲』を著す／ノルマントン号事件がおきる	教育勅語を発布	帝国議会で訴えられる／足尾銅山鉱毒事件への対策が	領事裁判権（治外法権）の撤廃／日清戦争が始まる	北里柴三郎がペスト菌発見／下関条約を結ぶ／ロシアなど三国干渉を行う	豊田佐吉が動力織機を発明／志賀潔が赤痢菌発見	官営八幡製鉄所が操業を開始	日英同盟を結ぶ	日露戦争が始まる	ポーツマス条約を結ぶ	韓国を日本に併合する	関税自主権の回復

明治時代（3）

江華島事件

　1875年日本は、朝鮮の首都漢城（ハンソン）近くの江華島に軍艦を侵入させ、演習や測量を行いました。これに抗議する朝鮮側の砲台から発砲があり、交戦しました。

琉球王国の最後 ——琉球処分

　1609年琉球王国は、家康の許可をえた薩摩藩の武力侵攻をうけ、それ以降「幕藩体制のなかの異国」として、中国と日本との両属関係をとってきました。1871年宮古島・八重山の漂流民54名が台湾で殺されました。政府は、この事件をきっかけに、琉球を日本領に編入する方針をとり、1872年琉球国王尚泰を藩王として華族にし、琉球藩をおきました。そして1874年台湾に出兵して清に3年前の漁民殺害事件を抗議し、琉球の放棄をせまりました。75年琉球の清への朝貢禁止、76年清と断交。79年藩王尚泰を東京に移住させ、沖縄県をおきました。こうして明治政府は、琉球を中国から切りはなし、日本の領土にする政策を実行していきました。1872年の琉球藩の設置から79年の沖縄県の設置強行までの一連の琉球政策を、「琉球処分」とよんでいます。

1 明治初期の対外関係

〈1〉中国・朝鮮との関係

　日本は、1871年、中国と最初の対等な条約「日清修好条規」を結び、1876年には江華島事件をきっかけにして朝鮮と日本側に有利な「日朝修好条規」を結びました。この後、朝鮮は日朝修好条規とほぼ同じ内容の条約を諸外国と結び、その結果、政治・経済・社会は大いに混乱しました。

〈2〉琉球・ロシアとの関係

　1879年、日本は武力を背景に琉球藩を廃止して沖縄県の設置を強行しました。1875年にはロシアとの間で樺太・千島交換条約を結び、樺太をロシアにゆずるかわりに、千島全島を日本領としました。こうして日本の国境は確定されました。

2 不平等条約改正

〈1〉条約改正への努力

　1871年、岩倉具視・大久保利通らが条約改正の話し合いのため、欧米各国を訪問しました。

　1883年、外務卿（外務大臣）の井上馨は、欧化政策を進めて日本も文明国になったことを認めさせるため東京の日比谷に鹿鳴館をつくり、外国人を招いて舞踏会をもよおしました。

　1886年、ノルマントン号事件で、条約改正を願う国民の声が高まり、井上外相は辞任に追い込まれました。

△鹿鳴館

〈2〉条約改正の実現

　1894 年、外務大臣**陸奥宗光**のもとで日英通商航海条約を結び、日本で罪をおかした外国人を日本の法律で裁ける取り決めができました（**領事裁判権（治外法権）の撤廃**）。

　韓国併合後、アジア最大の軍事国となった日本は、1911 年、外務大臣**小村寿太郎**のもとで、日本が輸入品に対して自由に関税をかける権利を取り戻し（**関税自主権の回復**）、不平等条約改正を達成しました。

▲鹿鳴館の様子（於鹿鳴館貴婦人慈善会之図）

発展キーワード　大津事件

　1891 年ロシア皇太子が滋賀県大津で日本人巡査に襲われて負傷した事件。政府は裁判所に圧力をかけましたが、大審院長児島惟謙はこの圧力をはねのけ、司法権の独立を守りました。

発展キーワード　ノルマントン号事件

　1886（明治 19）年イギリスの貨物船ノルマントン号が紀伊半島沖で沈没し、日本人乗客 25 名やインド人乗組員が全員死亡し、ヨーロッパ人 26 名は全員救命ボートで救助された事件。イギリス人船長には過失責任なしとされ、日本国内から治外法権撤廃の要求が高まるきっかけになりました。

◀ノルマントン号事件の風刺画（ビゴー筆『トバエ』1887 年）

③ 日清戦争

〈1〉戦争のおこり

　日本は 1876 年、朝鮮を開国させて不平等な条約（日朝修好条規）を押しつけ勢力をのばしていましたが、**清**（中国）も朝鮮を属国と考えていました。1894 年、朝鮮の支配をめぐって日本は清と対立し、朝鮮でおこった農民の反乱（**甲午農民戦争、東学党の乱**※）をしずめるという理由でそれぞれ軍隊を送り、**日清戦争**が始まりました。

※東学—反乱農民の多くは、キリスト教に反対する宗教
　（東学）を信仰していました。

▲日清戦争の日本軍進路

〈2〉戦争の結果と下関条約

　近代化された軍隊を持った日本が勝ち、1895年、下関で清との講和条約を結びました。この条約を**下関条約（日清講和条約）**といいます。日本の全権は伊藤博文・陸奥宗光、清の全権は李鴻章でした。

　主な内容は以下の通りです。

①清国は、朝鮮国の独立を認める。

②清国は、遼東（リヤオトン）半島・台湾・澎湖（ポンフー）諸島を日本に割譲する。

③清国は、賠償金として2億両（約3億1000万円）を日本に支払う。

④清国は、杭州・重慶・蘇州・沙市を日本に開放する。

〈3〉三国干渉

　日本の中国進出に警戒心を強めた**ロシア**が、フランス・ドイツとともに遼東半島を清に返すことを強く要求してきました。これを**三国干渉**といいます。三国の軍事力をおそれ、日本は要求を受け入れました。政府は「臥薪嘗胆」を合言葉に、戦力を対ロシア戦争の準備に力をそそぎました。また、三国干渉後はロシア・欧米諸国による中国分割が開始されました。

〈4〉日清戦争後の政府と政党

　日清戦争後の1898年、自由党と進歩党（もとの立憲改進党）が合同して**憲政党**を結成し、板垣退助と大隈重信が中心となって内閣をつくりました（**隈板内閣**）。

　その後、議会政治の運営には健全な政党が必要であることをさとった伊藤博文は、1900年、**立憲政友会**を結成して総裁となり、第4次伊藤内閣をつくりました。立憲政友会は地主や実業家たちの支持を集め、その後長く衆議院の第一党の地位を占めて、日本の代表的な政党に発展しました。こうして、日本における政党政治成立の基礎がつくられました。

発展キーワード

日本の台湾支配（1895〜1945年）

　下関条約で日本は台湾を領有することになりました。日本は、台湾総督府のもとで植民地経営を始めましたが、台湾の民衆は激しい武装抵抗を行いました。

発展キーワード

ロシアの狙い

　19世紀末、ロシアは冬でも凍らない港（不凍港）を求めて「南下政策」をとっていました。三国干渉や日露戦争の背景にはこの政策が関係していたのです。

発展キーワード

大韓帝国（韓国）の成立

　1897年、朝鮮国は国名を大韓帝国と改めました。このことは朝鮮が清（中国）との関係を断ち切って、自主独立の国であるということを示すねらいがありました。

4 日露戦争と韓国の併合

〈1〉戦争のおこり

　欧米諸国は、清国を「眠れる獅子」としておそれていましたが、日清戦争で清国の弱体がはっきりすると、争って租借地を求めたため、中国の半植民地化が進みました。中国の民衆は「扶清滅洋（清をたすけ、西洋の国々をうつ）」がとなえられ、激しい排外気運が高まりました。その結果、1899年に宗教結社の義和団が暴動をおこし、翌年には北京にある各国の公使館を襲撃したので、列強は連合軍を組織してこれをしずめました。これを北清事変（義和団事件）といいます。

　日本の勢力が大陸へのびるのをきらったロシアは、事変を口実に大軍を中国におくり、事変後も撤兵せず、韓国にも圧力をかけてきました。

　このようにロシアは満州（中国の東北地区）から朝鮮にも勢力をのばそうとしたため、日本との対立が深まりました。1902年、日本は清での権利をロシアの進出から守ろうとしたイギリスと同盟を結び（日英同盟）、軍隊の増強に努め、1904年、日露戦争が始まりました。

〈2〉戦争の結果とポーツマス条約

　戦いは南満州を主な戦場にして行われ、日本は苦しい戦いを続けながら勝利をおさめ、1905年、アメリカ合衆国のセオドア・ローズベルト大統領のなかだちで講和会議が開かれました。そして日本の代表小村寿太郎とロシアの代表ウィッテの間でポーツマス条約（日露講和条約）が結ばれました。日本は樺太（サハリン）の南半分と南満州鉄道などをゆずり受け、韓国を日本の支配下に置くことを認めさせました。

　主な内容は次の通りです。

①ロシアは、日本が韓国において政治・経済・軍事上の優越権を有することを認める。
②ロシアは、関東租借地（主に旅順・大連）および南満州鉄道とその付属地域の炭鉱を清国の同意を得て、日本に割譲する。
③ロシアは、樺太の北緯50度以南を日本に割譲する。
④ロシアは、沿海州・ロシア領内での漁業権を日本に与える。

🔺 日露戦争の日本軍進路

発展キーワード

義和団事件「極東の憲兵」

　山東省はイギリスやドイツが侵略していた地域でしたが、1899年から1900年にかけてここで主に義和団による外国人勢力排除の運動がおこり、教会や外国人がおそわれました。日本をはじめとして英・米・仏・独・露などが出兵して、乱をしずめ、北京を占領しました。このとき日本軍が主力になったのには理由があります。当時イギリスは南アフリカで戦っていました。アメリカはスペインとの戦争で、メキシコやフィリピンを押さえ込むのに忙しかったのです。日本は「極東の憲兵」として列強側にたち、もっとも多数の兵を出しました。総勢7万2000人のうち、日本兵は2万2000人いたといいます。

発展キーワード

日露講和のウラ事情

日本……莫大な戦費、死傷者を出すなど、戦力が限界にきていました。
ロシア……首都ペテルブルグで「血の日曜日事件」がおこり、各地で反戦気分が高まっていました。
アメリカ……日本かロシアのどちらかが満州で強くなることを、満州に関心を持つアメリカは警戒しました。

発展キーワード

南満州鉄道株式会社

ポーツマス条約で日本はロシアの東清鉄道の長春以南を手に入れました。1906 年鉄道国有法が公布され、10 年以内に主要な鉄道がすべて国有化されることが決まります。そしてこの年の 11 月、資本金 2 億円の南満州鉄道株式会社（本社は大連）が設立され、総裁に後藤新平がなりました。この鉄道、通称「満鉄」は満州経営の大動脈となり、「半官半民の国策会社」といわれるようになりました。

しかし、大きな犠牲を払ったにもかかわらず、賠償金を得ることのできなかったこの条約に対し、日本国民は不満を抱き、東京では**日比谷焼打ち事件**（1905 年 9 月 5，6 日）がおこりました。また、黄色人種の新興国日本が白人の大国ロシアに勝利したことは、インドの独立運動や、中国の孫文らの革命運動を勇気づけましたが、実際は日本が周辺の諸民族を圧迫することになりました。

発展キーワード

日露戦争に反対した人々

多くの国民がロシアとの戦争を支持していた中で、キリスト教の立場から内村鑑三、社会主義の立場から幸徳秋水らが、戦争に反対しました。また、女性の立場から与謝野晶子が、「君死にたまふことなかれ」という戦争の悲しみをうたった詩を発表して、反響をよびました。

〈3〉韓国の併合

1909 年、伊藤博文はハルビン駅頭にて独立運動家安重根によって暗殺されました。日本はこの事件を口実に 1910 年、抵抗運動をおさえて**韓国を日本の領土に併合**して植民地とし、韓国を朝鮮と改め、**朝鮮総督府**を置きました。朝鮮総督府によって日本人の土地所有が促され、土地を失った朝鮮の農民は小作人になりました。

発展キーワード

韓国併合

日本政府は伊藤博文暗殺の 3 か月以上前に韓国の併合を閣議で決定していましたから、伊藤の暗殺が併合の直接的な原因ではありませんでした。併合のあとに置かれた朝鮮総督は陸海軍の統率者であるとともに憲兵・警察の最高権力者であり、立法権までもっていました。

⑤ 工業の発展と社会問題

〈1〉 第一次産業革命

　政府は、1880 年代に官営工場を払い下げて民間の産業の育成をはかり、日清戦争前後に生糸・綿糸の製糸業や紡績業を中心にした**軽工業**が発達し、**第一次産業革命**がおこりました。1897 年、豊田佐吉の動力織機の発明で織物工業が発展し、農村の家内工業がおとろえました。

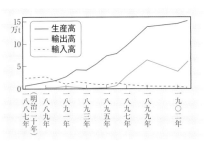
🔺綿糸の輸出と輸入の変化

〈2〉 第二次産業革命

　日清戦争の賠償金の一部でつくった官営の**八幡製鉄所**（現在の北九州市）が 1901 年に操業を始めました。日露戦争前後から製鉄・機械などの**重工業**が発達し、**第二次産業革命**がおこりました。

〈3〉 社会問題

　工業の発展とともに、さまざまな社会問題が発生しました。女子の工場労働者の問題や**足尾銅山鉱毒事件**などがおこりました。足尾銅山（栃木県）から出る有毒なけむりや汚水が渡良瀬川下流の水田に被害をあたえて社会問題となり、衆議院議員の**田中正造**が政府に訴えました。また、劣悪な労働条件により、組合運動・社会主義運動も姿を現しました。

⑥ 明治の文化と社会

〈1〉 教育の広がり

　1886 年、学校令が出され、小学校 4 か年を義務教育とし、帝国大学や中学校・師範学校なども設けられました。1890 年には「**忠君愛国**」を強調した**教育勅語**が出されました。1907 年には義務教育が 6 年とされ、1909 年の就学率は 98 パーセントをこえました。

八幡製鉄所

　鉄鋼の生産は重工業の中心、軍需工業の基礎ですが、日本の体制は貧弱なものでした。日清戦争後は軍備拡張や鉄道敷設などの必要から鉄鋼の需要が高まりましたが、大部分を外国からの輸入に頼っていました。政府は鉄鋼の国産化をめざし、大規模な官営製鉄所として八幡製鉄所を設立したのです。ドイツの技術が取り入れられて 1901 年開業し、清国の大冶鉱山の鉄鉱石を原料とし、国内の石炭を使用しました。日露戦争後には軌道にのり、国内の鉄鋼の 70 ～ 80 パーセントを生産しました。

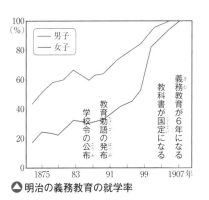
🔺明治の義務教育の就学率

〈2〉 医学と物理学

北里柴三郎（破傷風の血清療法やペスト菌の発見）・志賀潔（赤痢菌の発見）・野口英世（黄熱病の研究）・鈴木梅太郎（ビタミンＢ１〈オリザニン〉の発見）・大森房吉（地震の研究）・長岡半太郎（原子構造の研究）など。このように明治時代には、世界的なレベルの研究や発見、発明をする研究者があらわれるようになりました。

〈3〉 文芸

1885年、坪内逍遙は『小説神髄』をあらわして近代文学のさきがけとなり、二葉亭四迷はやさしい口語体で『浮雲』を書きました。森鷗外はヨーロッパ文学を紹介し、島崎藤村の詩集『若菜集』、夏目漱石の『吾輩は猫である』などが広く読まれました。女性では、樋口一葉が『たけくらべ』を書きました。

〈4〉 美術と音楽

▲黒田清輝『湖畔』

日本画は明治以降一時おとろえましたが、アメリカ人フェノロサが日本美術の復興を主張し、岡倉天心・狩野芳崖とともに1887年、東京美術学校を設立しました。フェノロサのはげましで、狩野芳崖は『悲母観音』を完成させました。天心はその後日本美術院を設立し、その門下からは、横山大観らが輩出されました。その後、東京美術学校は、東京音楽学校とともに東京芸術大学になりました。洋画では黒田清輝『湖畔』、彫刻では高村光雲『老猿』が有名です。作曲家の滝廉太郎は『荒城の月』を作曲しました。

〈5〉 農村の変化

工業化は進みましたが、農村の近代化はたちおくれ、借金のすえ土地を手放す農民がふえ、他方では地租改正以後、土地を買い集め、小作人に貸し付けて小作料をとる寄生地主がふえました。小作料は米の収穫の５割にもなりました。

〈6〉 労働運動の展開

工業の急速な発展にともない、労働者の劣悪な労働条件が問題になりました。特にせんい産業部門の女子労働者に結核に

かかるものが多く、横山源之助が
『日本之下層社会』を書いて実情を
訴えました。

　細井和喜蔵の『女工哀史』は、
1910 年から 1920 年代の紡績業・
綿織物業の女子労働者の労働条件
や生活の様子をえがいています。

　また、足尾銅山鉱毒事件のよう
な公害問題もうまれ、労働者が労
働条件の改善と賃上げを求めてス
トライキを行うようになり、労働
組合をつくる動きが始まります。
これに対し政府は、1900 年治安警
察法を公布して運動を押さえ込も
うとしました。

発展キーワード　製糸業を支えた娘たち・『ああ野麦峠』

官営富岡製糸場での生糸の生産がおとろえたのち、かわって、
諏訪湖のまわりの町村が、日本での生糸生産の中心地となり
ました。「シルク王国・諏訪」の出現です。諏訪地方は、長野県でも農
業の耕地面積の小さいことで有名でした。このため、農業の収入だけ
で生活できず、カイコを飼う養蚕は、農家の収入を増やすことに役だ
ちました。しかし、さらに多くの女子労働力が必要とされ、各製糸会
社は、隣の岐阜県の山村からも、若い娘を求めました。諏訪地方より、
さらに貧しかった今の高山市や飛騨市周辺の農村の娘たちは、集団で
飛騨山脈の野麦峠をこえて、諏訪へ工女として働きにきました。大正
時代になっても、工女の労働時間は、朝の 6 時から夜の 6 時までの 12
時間労働で、昼休みは 30 分でした。1930 年の岡谷市の製糸工場は
214、職工は、男子をふくめて 3 万 8273 人もいました。当時の工女
の賃金は平均 1 日 30 銭で、化粧品の白粉は 1 個約 50 銭、東京での
白米 10 キロは 2 円 30 銭という値段でした。

〈7〉 社会主義運動の展開

　労働運動とともに、社会主義運動も活発になり、1898 年に
は安部磯雄らによって社会主義研究会がつくられ、1901 年、
日本最初の社会主義政党として**社会民主党**が結成されました。
その指導者である**幸徳秋水**や堺利彦らは「**平民社**」をつくり、
『**平民新聞**』を発行して社会主義を紹介し、日露戦争に対する
反戦論を展開しました。しかし、1910（明治 43）年、「**大逆
事件**」が発生、社会主義運動は "冬の時代" に入りました。

発展キーワード　大逆事件

明治天皇の暗殺をくわ
だてたとの理由で、全
国の社会主義者数十名が検挙さ
れた事件。被告 24 名に死刑が
宣告され、幸徳秋水以下 12 名
に死刑が執行されました。

日本の歴史 ステップアップ　トーゴービールとセイロガン

　日露戦争は、アジアの一小国が初めてヨーロッパの大国に勝った戦争でした。世界は戦争の英雄東郷
平八郎をほめたたえ、フィンランドやトルコで軍服姿の肖像をえがいたトーゴービールが発売されたと
いいます。現在はオランダでも発売されています。また、ラッパのマークでもおなじみの、おなかの薬
「正露丸」はもともとヨーロッパで開発された軍用薬でしたが、1902 年に国産化され現在も人気があ
ります。当時この薬は「征露丸」と書かれていました。夏目漱石の『吾輩は猫である』（1905 年）に
も「今年は征露の第二年目だから……」という文があります。ロシアを征伐する意味の「征露」は当時
流行語だったのです。

歴史コラム ①都会人の生活

　明治時代後半になると、日本人の食生活はいろいろ豊富になり、とりわけ都会では、和食・洋食などの各種の料理が食卓をにぎわすようになりました。1897（明治30）年の調査では、東京に料理店が476軒、飲食店が4470軒、喫茶店が143軒もあったのです。牛肉店が多く、牛鍋（すきやき）のほか、オムレツ・カツレツ・ビフテキなどをだしました。

　1899（明治32）年夏、新橋にビヤホールが開店し、サンドイッチなどとともにビールを提供したところ、押すな押すなの大にぎわいで、これをまねてビヤホールが次々と誕生しました。「水菓子」（果物）も桃・なし・かき・みかんといった在来の品種ばかりでなく、明治初年にアメリカからはいってきたりんごが青森や北海道で栽培され、植民地となった台湾のバナナやパイナップルとともに食卓にのるようになります。一方、農村ではいぜん麦入りのご飯があたりまえでしたが、都会では米ばかりのご飯が普通になっていたので、都会に嫁入りした娘が里帰りして、麦入りのご飯はいやだと駄々をこね、母親を困らせるといった光景もみられたといいます。

🔺オムレツ

🔺ビフテキ

歴史コラム

②労働時間と賃金

　明治時代初めの官営工場では、1日8～9時間労働で週1日の休日という、当時としては比較的(ひかくてき)めぐまれた労働時間でしたが、明治時代中ごろ以降の近代産業の発展とともに労働時間は延長(えんちょう)されていきました。1897（明治30）年前後、たとえば官営の砲兵工廠(ほうへいこうしょう)の男子労働者は、1日10時間労働で日給30～35銭、普通は時間外労働を含めて日に50～70銭ぐらいをかせいでいました。民間の大きな紡績会社では、電灯がつくようになってから、12時間労働（実働11時間）の昼夜2交代制が一般化しました。しかし交代者が休んだときなどは、昼間の就業者(しゅうぎょうしゃ)をそのまま夜業につかせることもあったようです。休日は隔週(かくしゅう)1日が普通で、中小企業の多い製糸業・織物業では1日16～17時間労働もめずらしくありませんでした。

　紡績工場の労働者は大半が女子でしたが、同じころ女工の日給は7～25銭、ただし歩合賃金(あいきんしょう)や皆勤賞(かいきんしょう)などの賞与制度があったので、実際の収入はこれを多少上回ったようです。

　なお1897年当時の米価は1升（約1.5kg）14～15銭ぐらいでした。また帝国大学卒業の官吏(かんり)（役人）や慶応義塾出身の三井の社員の初任給が月額40～50円だったといいますから、ホワイトカラー（頭脳労働者）とブルーカラー（工場労働者）の差はかなり大きかったといえるでしょう。

③田中正造と足尾銅山鉱毒事件

　田中正造（1841～1913年）は栃木県の豪農(ごうのう)出身で県会議員(けんかいぎいん)をつとめ、1880（明治13）年前後には国会開設運動にも加わり、1890（明治23）年の第1回総選挙で衆議院議員に当選し、立憲改進党に所属しました。同年の渡良瀬川(わたらせがわ)の洪水で足尾銅山の鉱毒問題が表面化すると、翌年の議会で田中は政府にその対策をせまり、また地元民らが農商務大臣あてに鉱毒除去(じょきょ)と銅山の操業停止などを求める請願書を提出しました。

　その後、内村鑑三(うちむらかんぞう)・木下尚江(きのしたなおえ)・島田三郎ら

の知識人・言論人の間にも被害者を支持して鉱毒問題の解決を求める声が高まり、新聞も大々的にこれを取り上げるようになります。政府もようやく鉱毒調査委員会の調査により、銅山に鉱毒排除を命令しましたが効果はあがらず、1900（明治33）年には陳情(ちんじょう)のため上京しようとした被害者と警官隊が衝突して多数の検挙者(けんきょしゃ)を出しました。

　議会での請願や質問に効果がないのをみた田中は、翌年議員を辞任し、明治天皇に直訴(じきそ)をくわだてたが成功しませんでした（直訴文

を書いたのは幸徳秋水といわれます）。

　その後、政府は渡良瀬川の洪水調節のため、流域の谷中村に遊水池の建設を計画し、住民を立ち退かせようとしたので、田中は谷中村民とともに反対運動をすすめました。しかし

結局、谷中村は廃村となり、遊水池がつくられました。足尾銅山が閉山したのは、1973（昭和48）年、田中正造の死後60年のことでした。

🔺足尾銅山
（左が銅の精錬所、その下が渡良瀬川）

第 13 章
大正時代

この章のポイント

前章からの流れ

　日清戦争・日露戦争をへて、アジアにおける日本の存在を欧米の列強諸国も無視できなくなりました。国内では、政治や経済の問題点が現われて新しい動きが始まります。

ポイント

　明治から大正に変わり、国外では第一次世界大戦、国内では民主主義への動きなどがどう展開されたかを見ていきましょう。

1	第一次世界大戦	政治

　キーワード　サラエボ事件・二十一か条の要求・シベリア出兵

2	大戦後の世界	政治

　キーワード　ベルサイユ条約・国際連盟・ワシントン会議

3	大戦の影響	政治	社会

　キーワード　大戦景気・成金・米騒動・関東大震災

4	大正デモクラシー―民主主義を求める動き	政治	社会

　キーワード　護憲運動・原敬・政党内閣・普通選挙法

5	大正時代の社会と文化	社会	文化

　キーワード　小作争議・全国水平社・ラジオ放送

20世紀								
大正時代								
1914	1917	1918	1919	1920	1921	1922	1923	1925
第一次世界大戦、日本も参戦	ロシア革命	富山県で米騒動がおこる / 原敬が政党内閣をつくる	普通選挙運動がさかんになる / ベルサイユ条約が調印される	国際連盟に加わる	日英同盟の廃棄（23年失効）	全国水平社がつくられる	関東大震災がおこる / 朝鮮人、社会主義者の虐殺	治安維持法が定められる / 普通選挙法が定められる / ラジオ放送が始まる

大正時代

発展キーワード

3C政策と3B政策

　ドイツはベルリン～ビザンチウム～バグダッドを結ぶ3B政策をおし進め、イギリスはカイロ～ケープタウン～カルカッタを結ぶ3C政策をとりました。この2つの政策が対立し、三国同盟と三国協商の衝突にいたったのです。

発展キーワード

二十一か条の要求（要約）

　日英同盟をたてに第一次大戦に参戦した日本は、1915年に中国に以下のような要求をつきつけました。
　一、中華民国は、ドイツが山東省内で持つ権益を日本に譲り、同省の鉄道敷設権などを日本に与える。
　二、旅順、大連の租借権と南満州鉄道などの利権借り受けの期限を99年間に延長する。南満州・モンゴルにおける日本の優越性を認める。
　三、鉄と石炭の採掘権を日本に与える。
　このような日本の行動は世界から「火事場どろぼう」と非難され、また中国民衆は日本に強い不信をいだくようになりました。

1 第一次世界大戦

〈1〉ヨーロッパ諸国の対立

　植民地や領土を広げようとしたヨーロッパの強国は、19世紀の末から互いに競争をくり広げ、**三国協商**（イギリス・フランス・ロシア）と**三国同盟**（ドイツ・オーストリア・イタリア）が激しく対立していました。

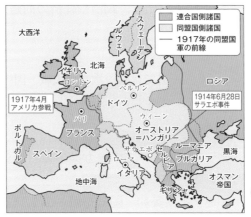

◀ 第一次世界大戦前のヨーロッパ

〈2〉大戦のおこり

　1914年、ボスニアのサラエボでオーストリアの皇太子が暗殺された（**サラエボ事件**）のをきっかけに、ドイツ・オーストリアなどの**同盟国**と、イギリス・フランス・ロシアなどの**連合国**との間に戦争が始まりました。これが**第一次世界大戦**です。日露戦争後の財政難に苦しんでいた日本は、しめたとばかりに（「これぞ天佑（天の助け）！」元老井上馨）これにとびつきました。大隈内閣のもと日英同盟を理由に日本もドイツに宣戦して参戦し、ドイツが中国から借りて統治していた山東半島の青島や、ドイツ領南洋諸島を占領しました。1917年には、アメリカ合衆国も連合国側に加わりました。

〈3〉二十一か条の要求

　1915年、日本は中国の袁世凱政権に対して**二十一か条の要求**を出し、山東にいる日本の軍隊の力を背景に、強引に大部

分を承認させました。二十一か条の要求とは、山東半島でのドイツの権利を日本にゆずり、満州（中国の東北部）やモンゴルでの日本の権利を広げるというものでした。これは中国の主権を侵害するものであり、中国民衆を憤慨させました。のちになって中国は、日本のこの要求を受け入れた5月9日を「国恥記念日」とし、抗日運動の出発点となりました。

〈4〉ロシア革命

長引く戦争や皇帝の政治に対する国民の不満が高まっていたロシアで、1917年、2回の革命がおこり、レーニンの率いる世界最初の社会主義の政府ができました。これを**ロシア革命**といいます。1922年には**ソビエト社会主義共和国連邦（ソ連）**が成立します。

〈5〉シベリア出兵

ロシアで革命がおきると、革命が広がるのをはばむため、革命に反対する勢力を支援しようと、日本はイギリス・アメリカなどとともに1918年、シベリアに出兵しました。日本は、動員兵力の取り決めをやぶり、内外の非難を受けました。しかし1922年、ほとんど成果をあげることなく撤兵しました。

〈6〉大戦の終わり

1918年、ドイツの降伏で第一次世界大戦は終了しました。大戦はヨーロッパがおもな戦場となり、30か国が参戦して、戦車のほか飛行機や潜水艦も初めて使われ、死者約900万人、負傷者約2000万人におよびました。この大戦は新兵器の発達などにより、これまでにない被害を人類に与えました。

発展キーワード

シベリア出兵

出兵のもともとの目的は、ロシアに取り残されたチェコ人の保護でした。ヨーロッパの列強は日本にも参加を求めました。日本は極東ロシア領進出の好機と考え、いろいろな理由をつけ、動員兵力を増やしていきました。それに対しアメリカ合衆国など列強は、強く抗議しました。

② 大戦後の世界

〈1〉ベルサイユ条約

1919年、パリ郊外のベルサイユで第一次世界大戦の講和会議（**パリ講和会議**）が開かれ、ドイツと連合国との間に講和条約（**ベルサイユ条約**）が結ばれました。日本は戦勝国である連合国側の一員として、首席全権西園寺公望らを派遣してこの会議にのぞみました。ドイツは本国の領土の一部と植民地の

発展キーワード

国際連盟

スイスのジュネーブに本部が置かれ、日本は1920年加盟、1933年脱退。総会と理事会はともに全会一致制だったため表決が困難でした。また、経済制裁のみが許され、武力制裁はできませんでした。

発展キーワード

三・一独立運動

日本は植民地の朝鮮で、農民から土地を奪うなど過酷な支配を行っていました。1919年3月1日、現在のソウルでの独立宣言をきっかけに、日本の植民地支配に対して、朝鮮全土で独立運動が行われました。これが三・一独立運動です。これをしずめようとした日本は、軍隊を動員して無差別発砲を加え、多くの人々を虐殺しました。この三・一独立運動に対する日本の弾圧は、日本がパリ講和会議で提案した人種平等の主張から正当性を奪う結果になりました。

すべてを失い、多額の賠償金をおしつけられました。一方日本は、中国と太平洋上にあったドイツの権益を引き継ぎました。

〈2〉 国際連盟

アメリカ合衆国の大統領ウィルソンの提案にもとづいて、世界平和を維持するための国際機構として、1920年、42か国が参加して国際連盟がつくられました。日本は常任理事国となりましたが、アメリカは議会の反対によって加盟せず、また、革命がおこっていたロシア（ソ連）や敗戦国ドイツは当初参加を認められなかったため、国際連盟の国際機関としての役割は限られたものになりました。

〈3〉 大戦後の国際関係と軍縮

第一次世界大戦後、各国に軍備縮小の動きが高まり、1921年、アメリカの提案でワシントン会議が開かれました。この会議ではアメリカ、イギリス、日本などの主力艦の保有量を制限する海軍軍縮条約が成立し、あわせて日英同盟の廃棄も取り決められました。

また、1930年にはロンドン軍縮会議が開かれ、日本も参加しました。しかし、日本に対してきびしい軍縮と海外進出への制限が加えられたため、軍部は、政府が天皇の統帥権を犯すものであるとして反発しました。

〈4〉 大国の利害とアジアの民族運動

1919年のベルサイユ条約は、アメリカ大統領ウィルソンの理想主義的な原則にもかかわらず、実際には大国による敗戦国からの利益の奪い合いになりました。日本は植民地利権として旧ドイツ権益をひきつぎました。しかしこの年の3月1日、独立を世界に訴える朝鮮民衆は三・一独立運動を開始し、「独立万歳」を叫ぶ集会が行われ、各地に独立運動が広まりました。また、大戦中の日本の行動に対して中国の民衆は、同じ年の5月4日にベルサイユ条約反対、「打倒日本帝国主義」のデモをまきおこし、日貨排斥運動が全国に広まりました。これが五・四運動です。

一方日本は、パリ講和会議で、国際連盟の規約に人種差別禁止を取り入れるように提案しましたが、アメリカ・イギリスなどの大国の反対にあい、拒否されました。

③ 大戦の影響

〈1〉 大戦景気

　第一次世界大戦中、日本は、アジア市場から後退したヨーロッパ諸国にかわって、工業製品のアジアへの輸出をのばしました。特に、造船業や化学工業などがいちじるしく発展して好景気をむかえ、経済が繁栄して多くの「成金」が生まれました。こうして1918年には、工業生産額が農業生産額をこえ、日本はアジアで最大の工業国となりました。

〈2〉 米騒動

　大戦で好景気になったものの物価が上がり、特にシベリア出兵をみこした商人の買いしめなどで、米の値段が急に上がりました。そのため1918年、富山県魚津から始まった米騒動が各地に広がり、政府は軍隊を出してしずめました。米騒動は約50日間も続き、参加者は70万人をこえたといわれます。

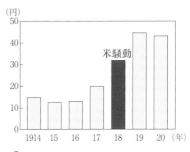

◯米の値段の変化

◯大正・米騒動で焼打された岡山の精米会社。

 **米騒動と普選運動**

　1918年、富山県魚津の主婦が県外への米の移送中止を求めたことから始まり、その後富山県各地で米屋などの打ちこわしが起こりました。これが「女房一揆」「女一揆」と新聞に報道され、全国に波及していきました。大阪・京都・神戸・名古屋など、そして山口や福岡の炭鉱でも騒動が広がりました。警察の力だけでは鎮圧できず、軍隊が出動しました。全国で121カ所、動員兵力11万人といわれます。山口や福岡の鉱山では実弾が発射され、多くの死傷者がでました。米騒動の参加者は全国で70万人、被差別部落民も多数参加しました。各地で暴動が発生し、死者30人以上、検挙者2万人を上回ったというほどの大きな規模でした。

　この米騒動をきっかけにして、労働運動、農民運動などの組織的諸運動が開花しました。労働組合は増加し、全国水平社、日本農民組合が結成され、**普通選挙運動**も大衆的な広がりを見せ始めます。吉野作造の提唱した**民本主義**の風潮の中、普選運動は**大正デモクラシー**を象徴する民衆運動となり、1925（大正14）年、**普通選挙法**がついに成立したのです。しかし同時に「**治安維持法**」も成立したことを忘れてはいけません。

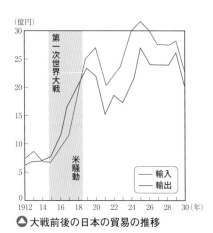

（億円）

第一次世界大戦

米騒動

輸入
輸出

1912　14　16　18　20　22　24　26　28　30（年）

🔺 大戦前後の日本の貿易の推移

〈3〉 戦後恐慌と関東大震災

　大戦後、欧米諸国の産業が回復してくると、日本の輸出がへって不景気となりました。そのため、多くの中小企業が倒産し、都市では労働運動、農村では小作料の引き下げを求める農民運動がおこりました。これを**戦後恐慌**といいます。また、1923年には**関東大震災**がおこり、東京・横浜が大きな被害を受け、死者・行方不明者は10万人をこえました（P.134 歴史コラム参照）。

🔺 関東大震災

④ 大正デモクラシー — 民主主義を求める動き

〈1〉 政党内閣の成立

　大正の初めごろ、藩閥の桂太郎内閣が成立すると、議会を無視する態度をとったので、世論の非難が高まり、藩閥政治を批判し、立憲政治を守ろうとする**第一次護憲運動**がおこりました。そのため、桂内閣は倒れました。このような大正時代に高まった民主主義の風潮を**大正デモクラシー**といいます。1918年には、米騒動で寺内内閣が倒れたあと、**原敬**が立憲政友会を中心に、日本で最初の本格的な**政党内閣**をつくりました。

〈2〉普通選挙運動

　吉野作造は民本主義を唱え、成年男子が選挙権を持ち、国民の意見を反映する議会政治の実現を主張しました。この民本主義は、普通選挙を求める運動に大きな影響を与えました。

〈3〉普通選挙制

　1924年、貴族院中心の内閣が成立すると第二次護憲運動がおこり、その結果、護憲三派の加藤高明内閣が成立しました。1925年、加藤内閣は、すべての25才以上の男子が選挙権を持つ普通選挙法を制定しました。同時に治安維持法がつくられ、政治や社会のしくみを変えようとする国民の活動がきびしく取りしまられました。

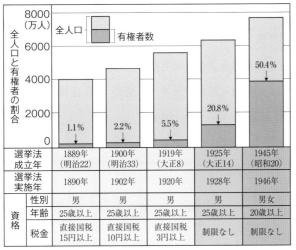

△ 選挙権の拡大

発展キーワード　治安維持法

これには「国体を変革したり」「私有財産制度を否認」する運動に加わった者を処罰すると定めてありました。第一次世界大戦後の社会主義運動の激化に対応したもので、普通選挙の実施や1925年1月の日ソ国交樹立の結果、活発化が予想される共産主義運動などを取りしまるのが目的でした。この法律はしだいに拡大解釈され、さまざまな反政府的言動を弾圧するために用いられました。また田中義一内閣の時、勅令で死刑条項が追加されました。

⑤ 大正時代の社会と文化

〈1〉社会運動の高まり

　1920年の戦後恐慌をさかいに、大正デモクラシーの中で社会運動が高まりました。ロシア革命や米騒動は、労働運動に大きな刺激となり、1920年に日本で最初のメーデーが東京の上野公園で開かれました。労働者は賃金の引き上げや労働時間の短縮などを求めて労働争議をおこし、1921年、日本労働総同盟が成立し、労働組合が結束を強めました。農村では、小作人が地主に対して小作料の引き下げなどを求める小作争議がしだいにふえ、1922年には日本農民組合が結成され、全国

的な農民の組合ができました。さらに、被差別部落民の解放運動も高まりをみせ、1922年**全国水平社**が結成されました。また、1911年、**平塚らいてう**の呼びかけで**青鞜社**が結成され、女性解放を主張しました。女性解放運動はさらに発展して、1920年平塚や市川房枝らが新婦人協会を結成し、婦人参政権獲得のための運動を展開しました。

資　料

全国水平社綱領・宣言

宣言

　全國に散在する吾が特殊部落民よ團結せよ。

　長い間虐められて来た兄弟よ、過去半世紀間に種々なる方法と、多くの人々とによってなされた吾等の爲めの運動が、何等の有難い効果を齎らさなかった事實は、夫等のすべてが吾々によって、又他の人々によって毎に人間を冒涜されてゐた罰であったのだ。そしてこれ等の人間を勦るかの如き運動は、かえって多くの兄弟を堕落させた事を想へば、此際吾等の中より人間を尊敬する事によって自ら解放せんとする者の集團運動を起せるは、寧ろ必然である。………………（略）

………………　水平社は、かくして生れた。

　人の世に熱あれ、人間に光あれ。

大正十一年三月三日

🔺全国水平社創立大会（京都）の宣言書より

青鞜社の女性たち

　青鞜社は、平塚らいてうを中心に、二十数名の女性たちにより発足しました。平塚が『青鞜』創刊号で「元始、女性は実に太陽であった。……今、女性は月である。……私共は隠されて仕舞った我が太陽を今や取戻さねばならぬ……」と、女性解放をうたいあげたことが、予想以上の反響をよびました。全国の女性たちから入社や購読申込があいつぎ、最初1000部だった『青鞜』の発行部数は、3000部にまで増加しました。しかし、彼女たちが自由恋愛や自由結婚を論じたりしたので、日本の伝統的なモラル（道徳）に反するとして、世の非難にさらされることになったのでした。

　ジャーナリズム（新聞・雑誌など）からは、好奇と嘲笑の意をこめて「新しい女たち」と報ぜられ、平塚は自宅に投石されたこともあったといいます。

〈2〉大正文化

　大戦前後の産業の発展によって、サラリーマンや新しい知識層が成長し、民主的で自由な風潮が広まり、大衆の文化が花開きました。

　水道・ガスの設備が普及し、通勤用に郊外電車やバス（乗合自動車）も発達しました。また、1925年に始まった**ラジオ放送**は文化の普及に大きな役割を果たしました。

　科学や文学の面でも新しい動きがみられました。黄熱病の研究の**野口英世**や、KS磁石鋼を発明した**本多光太郎**は世界的な評価をえました。

　文学の世界では人道主義の立場をとる白樺派の運動がおこり、**武者小路実篤**らが出ました。第一次世界大戦のあとは、**芥川龍之介**や**菊池寛**などの新しい文学がうまれました。また、労働運動がさかんになるにつれて、プロレタリア文学運動もおこり、**小林多喜二**らが活躍しました。

「赤い鳥」

　1918年から36年まで発行された児童文芸雑誌。鈴木三重吉が主宰し、芸術として価値のある童話と童謡の創作をめざしました。芥川竜之介の『蜘蛛の糸』『杜子春』や有島武郎の『一房のぶどう』などの近代児童文学の名作を掲載し、坪田譲治や新美南吉などの童話作家を育成しました。また北原白秋や西条八十などの新作童謡を山田耕筰らが作曲するなど、多方面にわたる児童芸術の教育運動の展開に寄与しました。

◆『赤い鳥』第1巻第6号（赤い鳥社　大正7年12月）表紙絵

サラリーマンの生活

　大正時代の終わりごろの大学や専門学校の卒業生は、大部分が官吏（役人）や会社づとめのサラリーマン（給与生活者）となりました。初任給（月額）は大学卒が50～60円。重工業部門の男子労働者の平均賃金が日給2円50銭、大工が3円50銭程度ですから、ホワイトカラーとブルーカラーの給与の差は、明治時代よりずっと小さくなりました。また、職業婦人の平均月給は、タイピスト40円、交換手35円、事務員30円ぐらいでした。当時の物価は米1升（約1.5kg）50銭、ビール1本35銭、うなぎの蒲焼30銭、タクシーの市内料金1円均一、東京・大阪間の鉄道運賃6円13銭（3等普通列車）、郵便料金封書3銭、葉書1銭5厘、新聞購読料月極め80銭～1円といったところです。1925（大正14）年、建坪18坪（約59m²）・木造2階建て・土地25坪（約83m²）付きの小住宅108戸を、大阪市が分譲しました。頭金420円、毎月32円で15年5か月の月賦という条件でしたが、申込みが殺到し、32倍の競争率になったといいます。応募者の70%以上がサラリーマンでした。

歴史コラム ①関東大震災の悲劇

1923年9月1日午前11時58分44秒、相模湾を震源地とするマグニチュード7.9の大激震が起きました。世にいう関東大震災です。激震、津波、火災により横浜・小田原は壊滅、東京も136か所から出火し、延焼64時間、死者9万1千余、40万8千戸が焼失し、東京の半分が焦土化するという大惨事でした。

当面の責任者になった前内閣の水野錬太郎内相と赤池濃警視総監は、かつて朝鮮総督府政務総監および同警務局長として三・一独立運動後の朝鮮独立運動の弾圧にあたったこ

とがあり、朝鮮人を敵視していたため、いち早く警察に「不逞者」の取り締まりを命じるとともに、軍隊に出動を要請しました。こうして9月2日から4日にかけて東京市、東京府、神奈川県、埼玉県、千葉県に順次戒厳令が適用されました。

9月2日には朝鮮人が暴動をおこし、放火をしているという悪らつなデマが流され、朝鮮人への迫害が広がります。軍隊・警察は「保護」と称して、朝鮮人をかたはしから捕らえて留置場にいれるとともに、民衆に自警団をつくらせ、朝鮮人にたちむかわせました。大地震の恐怖と不安のなかで、パニック状態の民衆は官憲の言動からデマを事実と信じ込み、刀剣・木刀・竹やりで武装し、朝鮮人を見つけしだい暴行をくわえ、虐殺するという行動をくりひろげました。自警団は東京・神奈川などで合計3689か所つくられました。こうした殺傷は9月7日ごろまでつづき、約6000名の朝鮮人、約200名の中国人が殺され、日本人も少なくとも59人がまきぞえになって殺されました。

9月4日には労働組合の指導者10名が亀戸警察署に捕らえられ、軍隊によって虐殺されました（亀戸事件）。9月12日には中国人労働者の共済事業を行っていた中国人の王希天が軍隊に殺害され、また震災パニックもおさまりかけた9月16日には、無政府主義の指導者である大杉栄と、その妻であり、女性解放運動の指導者伊藤野枝、さらに大杉の甥の少年が、憲兵大尉甘粕正彦によって憲兵隊内でひそかに虐殺されるという事件もお

🔺大震災で折れた浅草十二階
1890（明治23）年、東京浅草に日本最初のエレベータ付12階建ての凌雲閣がつくられた。東京名所の"浅草十二階"として人気を集めていたが、震災で建物は8階のところで折れた。

こりました。

　こうして関東大震災では朝鮮人・労働運動家・社会主義者・無政府主義者に対する無法・暴虐きわまりない暴行が横行し、米騒動以来のデモクラシーの進展にもかかわらず、それがいかに底の浅いものであるかを明示したのでした。

　資料を見てみましょう。

　次の証言は当時の状況を生々しく伝えてくれます（和田洋一『わたしの始末書』より）。

　当時、三菱銀行東京本店に勤めていた三宅心平は、勤務をおえて下宿にもどる途中、自警団につかまった。「日本刀を持った少年が三宅心平に『お前朝鮮人か』ときいた。朝鮮人ではない、日本人だ、と答えると、その少年は『日本人である証拠に、ハトポッポの歌をうたってみい』と言った。ポッポッポ、ハトポッポは朝鮮人は知らないし、知っていても半濁音ポッポは苦手であった。エリート社員の三宅は屈辱を感じたが、歌わないと日本刀で斬り殺されるので、しかたなしに歌った。命だけは助かったが、その夜は自警団の横暴に、くやしくて寝られなかった。」

（参考　小学館『大系　日本の歴史』）

◀関東大震災で被害を受けた横浜

歴史コラム ②大正時代の文学

主な作家・著書

作家	著書	作家	著書
森鷗外	山椒大夫	小林多喜二	蟹工船
夏目漱石	こころ	徳永直	太陽のない街
有島武郎	或る女	川端康成	伊豆の踊子
志賀直哉	城の崎にて	江戸川乱歩	二銭銅貨
武者小路実篤	友情	大佛次郎	鞍馬天狗
永井荷風	腕くらべ	宮沢賢治	風の又三郎
谷崎潤一郎	春琴抄	斎藤茂吉	赤光
菊池寛	父帰る	高村光太郎	道程
芥川龍之介	羅生門		

文学思想

白樺派

　個人主義・理想主義・人道主義を重視

　主な作家　有島武郎・志賀直哉・武者小路実篤

新思潮派

　個人主義的な合理主義で現実を見直す

　主な作家　菊池寛・芥川龍之介

プロレタリア文学

　労働者の生活や思想・要求を著す

　主な作家　小林多喜二・徳永直

新感覚派

　比喩を多用した感覚的な表現を重視

　主な作家　川端康成

第 ⑭ 章
昭和時代（1）

この章のポイント

前章からの流れ

大正時代は、第一次世界大戦や米騒動、関東大震災などいろいろな事がおこりました。明治時代に確立しはじめた近代国家がさまざまな事件で揺れ動きます。

ポイント

時代は昭和にかわり、国際的な対立や経済問題などが深刻化していきます。日本が連合国軍と戦争を始める過程とその結末までを学びましょう。

1 恐慌とファシズム

| 1 | あいつぐ恐慌 | 2 | ファシズムの台頭 | ———— | 政治 |

キーワード 金融恐慌・世界恐慌・昭和恐慌

2 軍靴の足音　第二次世界大戦と日本

| 1 | 中国への侵略 | 2 | 第二次世界大戦 | ———— | 政治 |

キーワード 満州事変・五・一五事件と二・二六事件・日中戦争
国家総動員法・太平洋戦争

| 3 | 戦時下の人々のくらし | ———— | 社会 |

キーワード 学童の集団疎開

1 恐慌とファシズム

発展キーワード

農村の危機

1930年、米150キログラムの生産費が27円余りなのに米価は16円まで下落。副業の養蚕は生糸価格が前年の66パーセントまで暴落しました。1931年は東北・北海道を冷害がおそい、凶作飢饉が発生。小作争議が急増。宮沢賢治が「雨ニモマケズ」を書きました。1933年は東北地方を大津波がおそい、1934年には1919年以来の最悪の凶作となりました。欠食児童が全国で22万8000人、「娘の身売り」が急増しました。

発展キーワード

20年代─恐慌の嵐

1920年代はあいつぐ恐慌にみまわれました。1920年の「戦後恐慌」、1923年の関東大震災による「震災恐慌」、1927年の「金融恐慌」、そして1929年の「世界恐慌」です。こうした20年代の慢性的な不況のなかで、企業の独占・集中や資本輸出の傾向が進み、四大財閥（三井・三菱・安田・住友）などが経済界を支配していきました。

1 あいつぐ恐慌

〈1〉金融恐慌

憲政会の若槻礼次郎は震災手形を処理しようとして、「震災手形法」を議会にはかりました。しかし、この内閣を敵視する枢密院・貴族院はこの法案を否決し、その過程でいくつかの銀行の経営状態の悪化が暴露され、1927年3月、銀行へのはげしい取り付け騒ぎがおこりました。これが**金融恐慌**の始まりでした。多くの中小銀行が倒産し、三井・三菱・住友・安田・第一の五大銀行が大きな力をにぎりました。

〈2〉世界恐慌

1929年、アメリカで株価が大暴落したのをきっかけに、ついに大恐慌がおきました。フランクリン＝ローズベルト大統領は、**ニューディール（新規まきなおし）政策**を行ってこの経済危機をのりこえようとしました。

しかしこの恐慌はたちまち世界に波及して、**世界恐慌**となりました。当時の立憲民政党の浜口雄幸内閣は、輸出を促進して景気回復をはかるため、金の輸出解禁（金解禁）を断行していましたが、この措置で「嵐のなかで雨戸をあける」ような状態となり、日本経済は世界恐慌の直撃をうけ**昭和恐慌**といわれる事態をむかえました。

都市では失業者があふれ、農村部では小作争議が頻発しました。しかし大資本家は強大となり、五大銀行（三井・三菱・住友・安田・第一）は急激な成長をとげました。

② ファシズムの台頭

　深刻な経済不況におちいった資本主義各国は、植民地や自国の資源を持つ「**持てる国**」とそれらを持たない「**持たざる国**」にわかれました。

「持てる国」	アメリカ	ニューディール政策を行って経済の建て直しをはかる。
	イギリス フランス	ブロック経済を採用し、自国の植民地を防衛する。
「持たざる国」	日本 ドイツ イタリア など	後進（こうしん）資本主義国は未開拓（み かいたく）市場を武力で戦いとろうとしました。

　こうした中で台頭してきたのが**ファシズム**（軍部による独裁政治）です。1922 年、イタリアではムッソリーニが政権をたて、ドイツでは 1933 年にヒトラーが政権を樹立（じゅりつ）しました。

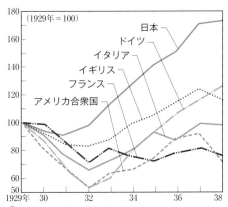

🔺 主な国の鉱工業生産の動き（1929 年を 100 とする）

2 軍靴の足音　第二次世界大戦と日本

1 中国への侵略

〈1〉苦しい国民生活

　昭和の初め、アメリカ合衆国でおこった不景気が世界中に広がり、日本でも失業者が町にあふれ、凶作が農村をおそい、ひどい不景気となりました。国民の苦しい生活をかえりみない政党の現状をみた一部の人々や軍部は、「満州（中国の東北部）は日本の生命線」と主張して、大陸へ進出することによって、日本は不景気から立ち直れるという考えを国民の間に広めました。

〈2〉山東（シャントン）出兵と「満州某重大事件」

　孫文のあと国民党の指導者となった蔣介石は、1926年中国の統一をめざして北伐を開始しました。金融恐慌で若槻内閣が倒れ、立憲政友会総裁だった**田中義一**が内閣を組織し、打ち続く不況下で活発になった社会主義運動を抑えるために、治安維持法に死刑を加え、全国に特別高等警察（特高）を設置するなど弾圧を強化し、また中国に対しても強硬路線でのぞみました。蔣介石の北伐を押さえつけるために田中義一内閣は、3度にわたって**山東出兵**を行い、親日派の張作霖を利用して満州権益の拡大をねらいました。しかし**関東軍**（満州に駐留した日本の陸軍部隊）は満州を直接支配しようと考え、1928年6月に張作霖を列車爆破により殺害してしまいました。陸軍はこの事件を中国国民政府の仕業だと公表しましたが、国際的に疑惑をもたれ、また、国内の野党からは「満州某重大事件」として攻撃されました。田中内閣は天皇に約束した真相究明も果たせず総辞職しました。

発展キーワード

連盟の脱退

ドイツは1933年、イタリアは1937年に脱退しています。

〈3〉満州事変

1931 年、南満州鉄道を守る日本軍（関東軍）は、奉天（現在の瀋陽）郊外の柳条湖で鉄道爆破事件（柳条湖事件）をおこし、これを中国側（中国国民党軍）の仕業として攻撃を開始し、満州を占領しました。これを**満州事変**といいます。日本は満州を占領した関東軍を中心に 1932 年、**満州国**をつくり、中国から切りはなしました。しかし国際連盟は、**リットン調査団**を派遣し、満州国を認めなかったので、1933 年、日本は国際連盟を脱退し、国際社会から孤立しました。

▲満州事変と満州国

〈4〉強まる軍部の力

1932 年 5 月 15 日、海軍の青年将校らは今の政府の指導者を倒せば政治が改まると信じて、**犬養毅**首相を暗殺しました（**五・一五事件**）。この事件によって、政党政治は終わりをつげました。1936 年 2 月 26 日には、陸軍の青年将校らが部隊を率いて首相や大臣を襲い、首相官邸や警視庁などを占拠するという事件がおこりました（**二・二六事件**）。これに対して戒厳令が出され事件はまもなく鎮圧されましたが、この事件ののち、軍部の発言力が強くなり、言論の取りしまりもきびしくなりました。

〈5〉日中戦争と戦時体制

1937 年、北京郊外の盧溝橋で日本軍が中国軍と衝突しました。近衛内閣は「不拡大方針」をとりながらも軍部の強硬意見に流され、宣戦布告のないままに中国との全面的な**日中戦争**へと発展しました。アメリカ・イギリスなどの援助を受けた中国政府の軍隊と中国共産党に指導された人民軍は、協力

▲日中戦争の状況

してねばり強く日本軍と戦い続け（**抗日民族統一戦線**）、中国の民衆はさまざまな方法で日本の侵略に抵抗しました。日本政府は国民精神総動員運動をおこし、1938 年には**国家総動員法**

発展キーワード

盧溝橋事件－宣戦布告なき戦争へ

1937 年 7 月 7 日北京郊外の盧溝橋で数発の射撃音があり、日本軍は中国の仕業として攻撃を開始しました。近衛内閣ははじめ事件不拡大の方針を表明しましたが、陸軍部内や政府内の強硬派の意見におされて強硬方針を打ち出しました。現地の日本軍は、北京から上海・南京へと戦線を拡大して全面戦争に突入しました。戦いは中国の徹底抗戦により長期戦の泥沼にはまりこみました。日本軍による「南京大虐殺」事件など国際的非難をあびる事件も起こしましたが、日本の国民には知らされませんでした。

発展キーワード

ヨーロッパの戦い

1939年

9月　ドイツがポーランドに侵攻
　　　イギリス・フランスがドイツに宣戦布告して開戦

1940年

5月　ドイツがオランダを占領

6月　ドイツがフランスを占領

8月　ドイツがイギリスのロンドンを空爆

9月　日独伊三国同盟締結

1941年

4月　日ソ中立条約

6月　ドイツが独ソ不可侵条約をやぶり、ソ連を攻撃

8月　ローズベルトとチャーチルが大西洋上で会談「大西洋憲章」

12月　アメリカが参戦、ドイツ・イタリアと開戦

発展キーワード

日本軍占領の傷痕

　1943年、タイとビルマ間の415キロの軍用鉄道がわずか15か月で完成しました。これが泰緬鉄道です。東南アジア各地から連れてこられた労働者や連合軍の捕虜が工事に動員され、きびしい労働・マラリア・飢えなどで多くの犠牲者がでました。またシンガポールの中国系住民（華人）は、抗日戦争を続ける中国に資金を送ったり、義勇兵に参加したりしました。日本軍による犠牲者は6000人にもおよび、「日本占領時期死難人民記念碑」が建てられています。

が出され、労働者も軍需産業に強制的に配置されました。労働組合はなくなり、**大日本産業報国会**がつくられ、政党も解散させられ、**大政翼賛会**ができました。また、1941年から尋常小学校が**国民学校**に改められ、軍国主義教育が行われました。

２　第二次世界大戦

〈1〉第二次世界大戦のおこり

　ヨーロッパではドイツがイタリアと手を結び、イギリス・フランスなどと対立し、1939年9月、ドイツがポーランドを侵略して**第二次世界大戦**が始まりました。ドイツは、1941年にはソビエト連邦（ソ連）を攻撃し、アメリカ合衆国も参戦しました。

〈2〉日米の対立

　1940年、日本はドイツ・イタリアと**三国（軍事）同盟**を結び、1941年には北方からの脅威を取り除くためにソ連との間で**日ソ中立条約**を結び、東南アジアにある石油やゴムなどの資源を手に入れるために、フランス領インドシナに軍隊をおくりました。これに対抗して1941年、アメリカはイギリス・オランダとともに石油を日本へ輸出することを禁止するなど、きびしい経済封鎖政策をとりました。この石油輸出禁止に政府・軍部は危機感を深め、この封鎖を **ABCD包囲陣**と名づけて、英・米との対立はいっそう激しくなりました。

発展キーワード

ABCD包囲陣

アメリカは日本の南方進出をはばむため、石油や鉄の輸出を禁止しました。イギリスも経済封鎖と中国支援に加わりました。日本政府はこの経済封鎖を「ＡＢＣＤ包囲陣」とよんで敵対心をあおりました。Ａはアメリカ、Ｂはイギリス、Ｃは中国、Ｄはオランダの意味です。東南アジア最大の石油産出国インドネシアはオランダの植民地でした。

〈3〉太平洋戦争

　日本は中国との戦争を続けながら、**東条英機**内閣のもと、1941年12月8日、ハワイの真珠湾にあるアメリカの海軍基地

を奇襲して、アメリカ・イギリスなどとも戦争を始めました（こ
れが**太平洋戦争**ですが、現在は**アジア・太平洋戦争**というよ
び方が一般的になりつつあります。日本はこの戦争を「大東亜
戦争」と呼びました）。しかし、日本は東南アジアや太平洋地
域を占領したため、日本の支配に対する抵抗運動が各地に広がりました。

△ 太平洋戦争の戦場となった地域

〈4〉 戦争中の国民生活

　軍事関係の生産に力がそそがれたため、食料・衣類などの日
用品が不足し、国民生活は極端に切りつめられました。男子
は兵隊に取られ、大学生も戦場におくられ（**学徒出陣**）、中
学生や女学生も近くの工場や農村で働かされ、都市の小学生た
ちは空襲をさけるために、農村に**集団疎開**しました。

〈5〉 第二次世界大戦の終わり・日本の降伏

　ヨーロッパでは、アメリカ合衆国・イギリス・ソ連などの連
合国軍の攻撃を受けて、1943 年にイタリアが降伏しました。
そして 1945 年 2 月、ローズベルト、チャーチル、スターリン
の 3 巨頭により**ヤルタ会談**が開かれ、ドイツ降伏後ソ連が対
日参戦するという秘密協定が結ばれました。そして 5 月、ド
イツはついに降伏しました。

△ 左からチャーチル、ローズベルト、スターリン

　1942 年 6 月のミッドウェー海戦
の敗北以降、日本軍は玉砕、全
滅をくり返すようになり、1945 年
になると長距離爆撃機 B29 を中
心としたアメリカ軍の空襲による
被害が全国に広がりました。

　1945 年 4 月 1 日、アメリカ軍が
沖縄本島に上陸し、激しい攻防戦
が約 3 か月にわたってくり広げら

発展キーワード

2つの大戦の比較—規模の違いを見てみよう

	第一次大戦	第二次大戦
交戦国	36 か国	61 か国
兵　力	7000 万人	1 億 1000 万人
戦死者	1000 万人	5000 万人
負傷者	2000 万人	3500 万人
戦　費	2080 億ドル	1 兆 1170 億ドル

ユダヤ人の迫害とアンネ・フランク

戦争中ナチスによるユダヤ人迫害が各地で行われ、ポーランドの強制収容所では600万人といわれる多くのユダヤ人がガス室で殺されました。ドイツ生まれのアンネは一家とアムステルダムの隠れ家に4年ほど住みましたが、発見され収容所で16歳で死にました。『アンネの日記』はその悲劇を今に伝えています。

隣組

戦時体制を強めるうえで、政府が戦争協力のために国民につくらせた組織です。5軒から10軒を単位としてまとめられました。政府は、「家族主義的な助け合い、団結、自治を進めるため」としていました。実際は、ファシズムのしくみの最小単位として利用されました。政府の命令は、すべて府県・市町村を通じて隣組から国民に通達されました。食糧配給、貯金割当、防空演習・勤労奉仕など、すべて隣組を単位として実施されました。

れました。沖縄戦では人口のおよそ4分の1にあたる12万人以上の県民が犠牲になったと推定されています。その中には日本軍によって死ぬことを強制させられたり、スパイの疑いで殺害されたりした人たちもいました。6月23日、日本軍による組織的な抵抗が終わり、沖縄はアメリカ軍に占領され、日本の敗戦は決定的となりました（P.148 歴史コラム参照）。

1945年7月、アメリカ・イギリス・ソ連の3国首脳がドイツのポツダムで会談し、アメリカ・イギリス・中国の名で日本に無条件降伏をよびかける**ポツダム宣言**を発表しました。日本政府はこれを黙殺しましたが、8月6日には**広島**に、9日には**長崎**に**原子爆弾**が落とされました。さらに、8日にはソ連がヤルタの密約によって参戦し、日ソ中立条約を破棄して満州・南樺太・千島に攻め込んできたので、戦う力を失っていた日本はついに、**ポツダム宣言**を受諾し、降伏しました。8月15日、天皇のラジオ放送（玉音放送）で国民は敗戦を知りました。太平洋戦争をふくめ、死者数千万人の犠牲者を出して第二次世界大戦は終わりました。

③ 戦時下の人々のくらし

〈1〉戦時体制の強化

戦争が拡大し長期化するにつれ、物資を戦場に送るため、国内では徹底した増産・節約が行われました。「ぜいたくは敵だ」のスローガンのもとに、国民は命を永らえるのがやっとの生活を強いられ、ほとんどの食べ物や衣類も、配給制・切符制となっていました。米の配給を例にとると、大人一人について二合一勺（約300g）でしたが、配給はとどこおりがちでした。それに、米の代わりにおし麦・こうりゃん・とうもろこし・大豆かすなどが配給されることもありました。人々はわずかな空地を耕して、かぼちゃ・さつまいもを作り、また、野草も大事な食料となったのです。他方、あらゆる物資の増産に向けて、工場はフル稼働させる必要がありました。しかし、720万の兵士（男子労働人口の30%）を戦地に送りだしているため、労働力は恒常的に不足していました。政府は朝鮮や中国の人々を強制的に連行する一方、国民を工場に送りこみました。中学校以上の男女生徒は**勤労動員**といって、工場で飛行機・弾丸・兵器づくりな

どをさせられました。むろん空腹下のなれない重労働は、子ど
もにはたいへん辛いもので、大人も徴用といって工場で働か
されました。

▼戦時下の国民生活年表

1939（昭和14）年	6月	パーマが禁止される。
	9月	価格等統制令により、家賃・地代・物価などが決められる。
	10月	女子はモンペ、男子は軍服規格の服の常用が決められる。
	12月	白米の使用が禁止される。
1940（昭和15）年	6月	六大都市でマッチ・砂糖が切符制となる。
	9月	隣組制度ができる。
1941（昭和16）年	4月	六大都市で米が配給制となる（この年のうちに全国で施行）。
1942（昭和17）年	2月	衣料品の点数切符制が実施される。
	5月	金属の強制回収（供出）が始まる。
1943（昭和18）年	5月	木炭・まき・たきぎが配給制となる。
1944（昭和19）年	7月	学童疎開を強制的に行うこととする。

＊あわせ・長じゅばん・綿入れ・丹前	48点
＊背広・モーニング・えんび服の三つぞろい	50点
＊国民服・学生服上下	32点
＊婦人ワンピース	25点
＊海水着	12点
＊男女学童服上下	17点
＊労働作業服・防空服	24点
＊モンペ	10点
＊ワイシャツ	12点
＊くつ下	2点

🔺衣料切符の点数
はじめのころは、都市部の人の場合
100点の衣料を買うことができました
が、ワンピース・モンペ・背広・ワイ
シャツで約100点になってしまいま
した。

〈2〉空襲下の生活

　1944年7月サイパンが陥落し、日本本土はアメリカの長距
離爆撃機B29（最高時速576km　航続距離6598km　最大爆
弾搭載量9トン）による空襲にさらされました。B29は44
年11月1日に東京を初偵察したのち、24日中島飛行機武蔵野
工場を爆撃したのを手はじめに、東京・名古屋・大阪・神戸な
どの航空機工場を爆撃しました。日本の戦闘機は1万メートル
近くまでは上昇できず、高射砲も何の役にもたちませんでした。

　しかしアメリカ軍は、高空からの爆撃では効果が少ないと考
え、夜間低空からの焼夷弾爆撃に切り替えます。45年3月10
日午前0時頃から2時間以上にわたって、334機のB29が東京
の下町一帯に約2千トンの焼夷弾を投下しました。東京の約
40％が焼かれ、約8万～10万人の人が死んだとされています。
東京大空襲の成功をみたアメリカ軍は、名古屋・大阪・神戸
・横浜へ矢つぎばやに夜間焼夷弾爆撃を加え、これらの都市の
大部分が焼け野原となってしまいました。

　さらにアメリカ軍は1945年2月19日、7万5千名の軍隊を
硫黄島に上陸させ、3万3千名の日本兵と激戦の末占領し、戦
闘機をも加えた戦爆連合の本土空襲は連日のように続きました
（東京は計122回）。

　日本中の都市では、夜は電灯のあかりが外にもれないように

🔺疎開する学童たち

くらし、いざ空襲がはじまると、灯火を完全に消して（灯火管制）、防空ずきん、巻ききゃはんを身につけ、防空壕にこもって空襲が終わるのを待ちました。

　学童疎開は44年8月から開始されましたが、子どもたちは疎開先で空腹といじめとシラミに悩まされ、文字通り力の強いものがより食料にありつける、弱肉強食の世界だったのです。

△沖縄・ひめゆりの塔

△原爆ドーム（広島県旧産業奨励館）

発展キーワード

疎開先のメニュー

東京都世田谷区の国民学校で長野県の浅間温泉に疎開した生徒たちはどんなものを食べていたのだろうか。

10月	朝	昼	夜	おやつ
14日	菜汁 つけ物	すいとん つけ物	昆布 煮付菜汁 つけ物	きな粉むすび
15日	ねぎ汁 つけ物	すいとん つけ物	煮豆菜汁 つけ物	なし
16日	菜汁 のり つけ物	弁当 煮豆のり	ライスカレー つけ物	パン

日本の歴史 ステップアップ 強制連行・強制労働

　1910年の併合以来、朝鮮では土地を失ったり、職をなくした人が増えます。とくに1931年に満州事変がおこると、日本へ流入する人が増え始め、1937年までにすでに日本に居住する朝鮮人は80万人に達していました。1937年に日中戦争が始まり、日本国内で労働力が不足しはじめると、それを補うために、日本は朝鮮で人集めを行いました。人集めはしだいに強制・暴行をともなうようになり、1944年からは国民徴用令の適用によって、役人が指名した人物を強制的に連行するようになりました。日中戦争以降連行された朝鮮人は約100万人（人数は正確に把握できないため、さまざまな推定がある）、多くが炭鉱、土建業の危険な現場で働かされました。労働環境は劣悪で、事故や拷問などで6万人をこえる人々が死んだと推定されています。朝鮮人のなかには軍慰安所でいわゆる従軍慰安婦として働かされた人もいました。敗戦時、日本には200万人をこえる朝鮮人が居住していましたが、そのうち60万人余りが戦後も日本に残留しました。強制連行・強制労働は中国人、台湾人に対しても行われました。

　秋田県の花岡鉱山では、銅鉱を運ぶための道路建設を請け負った鹿島建設が、突貫工事のため強制連行された986名の中国人労働者に苛酷な労働を強いました。かれらは、敗戦直前の6月30日に一斉に蜂起して脱走をはかりますが、鎮圧され400名をこす中国人が虐殺されました。1989年、被害者は鹿島建設に対して戦後補償を要求し、2000年に裁判は和解しましたが、私たちはこの悲劇的事件を忘れてはならないでしょう。

歴史コラム ①ノーモアヒロシマ

　1945（昭和20）年8月6日、午前8時15分、広島市の上空570メートル前後で、9000〜1万度の大火球がごう音とともにせん光を放って大爆発しました。これが原子爆弾でした。翌日の報告でも、「特殊爆弾により広島市はほとんど全滅または全焼し、死傷者は9万人にもおよぶものと推定せらる」と防衛本部は各警察署へ知らせています。同じ日、アメリカ合衆国トルーマン大統領は、「今から16時間前、アメリカ空軍機は日本の最重要軍事基地広島に爆弾一発を投下した。爆弾の威力は、TNT高性能爆薬2万トン以上に相当する威力、史上最強のグランドスラム爆弾の2000倍以上に相当する威力をもつ。日本軍は開戦にあたりパール・ハーバーを空襲したが、今や何十倍もの報復を受けたのである……」と声明を発表し、原子爆弾であることを明らかにし、日本が降伏しないと再びこれを使用すると言明していました。

　そして、8月9日、午前11時2分、爆弾は長崎にも投下されました。死者7万人。トルーマン大統領はさらに、「今後も引き続きこの爆弾を日本に投下するだろう」と放送しました。日本は8月14日、天皇臨席の御前会議で「ポツダム宣言」受諾を決定します。連合国に対して降伏することが決まったのです。2発の原子爆弾で一瞬にして約20万人以上の人々が生命を奪われただけでなく、その後も被害が続きました。放射能におかされた肉体は、徐々に人々の生きていく力を奪い、原爆投下の時に生きのびた人も、その後は白血病などの病気に苦しめられて生命を奪われ

るのでした。イギリスのロンドンの朝刊には、原爆投下に抗議する一般人の投書が掲載されました。チャーチル前首相は、原爆投下に賛成する演説をしています。理由は、これによってアメリカ人100万人、イギリス人23万人の生命が犠牲にならないですむから、というものでした。

　この原子爆弾の開発計画は、マンハッタン計画とよばれ、そもそも最初から日本を相手に使用することが決まっていました。しかし、その光景のあまりのむごたらしさに、初めて外国人記者として広島に入ったイギリス人記者バーチェットは、「広島の市街を歩いていると、この地球にいるというよりは、死に襲われたほかの天体に、突然連れて行かれたという感じを覚える。恐ろしい破壊と寂寞以外に何もない。ノーモアヒロシマ」という記事をおくったのでした。原爆を使用した側は戦争を終わらせ、自国の若者がもうこれ以上死ぬことを避けたいという理屈があったにせよ、原爆でなくなった人の大半は一般市民であり、生き残った人も被爆者として死にいたるまで苦しみ続けなければなりませんでした。核兵器がもたらす惨禍を世界の人々に正しく伝え、核戦争が二度と起こらないように、平和な世界を維持していくための努力を続けることが、被爆体験をもつ唯一の国である日本の責務であるとともに、日本自身がアジア・太平洋戦争で、中国をはじめ、アジア諸国に多大な被害を与えたことも忘れてはなりません。

歴史コラム ②沖縄と太平洋戦争

太平洋戦争で、住民を巻き込んだ地上戦が戦われたのは、国内では沖縄県だけでした。1944（昭和19）年10月10日には那覇市が、アメリカ軍の空襲によりほぼ全滅しました。翌年の4月1日アメリカ軍が上陸し、それから約3か月の間、沖縄本島では激戦が続いたのです。沖縄県民の上にふりそそいだアメリカ軍の砲火は、「鉄の暴風」と表現されるほどすさまじいものでした。

沖縄県にははじめ10万人の日本軍が配置されました。これでは不足と考えた軍は、住民を根こそぎ動員し、15歳以下の少年や60歳以上の老人まで、正規の軍人と同じく戦いへの参加を強制しました。中学生以上の1848人の男子生徒は、「鉄血勤皇隊」などの学徒隊として兵士となり、戦場で砲火にさらされ、そのうちの890人が戦死したといいます。

女学生は「ひめゆり部隊」などで知られる看護婦隊に592人が動員されました。温度・湿度が異常に高く日のささない防空壕の病舎で、傷ついた兵士たちの血とうみと、その傷口にわくうじ虫やしらみに苦しめられながらも、1日80人の手術を手伝った少女もいました。彼女たちの半数以上の334人が再びかえりませんでした。

その一方で、軍は沖縄県民を信用していませんでした。アメリカ軍が上陸したのち、敗走する日本軍は、住民がかくれている洞窟や墓地から、彼らを追い出し、食料を奪い、赤ん坊が泣くと敵に見つかるからと、母親にわが子を殺させたり、兵士が刺し殺すなどしました。久米島や大宜味村の渡野喜屋では、スパイの疑いを口実に村民が、「友軍」と信じた日本軍に殺されました。また、日本軍は各地で住民に「集団自決」も強制しました。4月1日から6月23日までの沖縄戦では、沖縄県の当時の人口約49万人の4分の1、約12万人とさらに強制連行された朝鮮人軍夫・慰安婦約1万人が犠牲になったのです。そして現在でも沖縄県には、遺骨収集の終わっていない自然壕がいくつも残っているのです。

沖縄本島の摩文仁の平和祈念公園には「平和の礎」があります。ここには沖縄戦でなくなった、日本、アメリカ、台湾、朝鮮、中国の人々の氏名約24万が刻み込まれ、敵も味方も「恩讐を越えて対話」し、21世紀の平和をかなえようという願いがこめられています。しかし朝鮮・中国から強制連行された遺族の人々は「天皇の軍隊」と同じ場所に同胞の名を刻み込みたくないとして、空白になっている部分があります。「戦争責任には時効はない。ヒトラーもアンネ・フランクも同列に刻名というわけにはいかない。」という韓国の遺族のことばには重い歴史の証言があります。

第 ⑮ 章
昭和時代（2）

この章のポイント

前章からの流れ
　国際的な対立や経済問題などが深刻化し、日本がアメリカ合衆国などの連合国軍と戦争をしました。結局、多くの犠牲を出した日本は、ポツダム宣言を受け入れて無条件降伏をします。

ポイント
　連合国軍に占領された日本が、どういう流れで高度成長時代を迎えるのか、国際関係をふくめて考えましょう。

1 **占領下の改革 ― 日本の民主化** ──────────── 政治
　キーワード　GHQ・農地改革・財閥解体・日本国憲法

2 **占領政策の転換 ― 日本の独立** ──────────── 政治
　キーワード　国際連合・冷戦・朝鮮戦争・サンフランシスコ平和条約・
　　　　　　　　日米安全保障条約・日ソ共同宣言

20世紀
昭和時代

1945	GHQによる五大改革指令
1946	国際連合が発足する 日本国憲法を公布する
1947	6・3・3・4制の教育
1948	大韓民国、朝鮮民主主義人民共和国成立
1949	中華人民共和国成立
1950	朝鮮戦争が始まる（〜53） 警察予備隊設置
1951	サンフランシスコ平和条約 日米安全保障条約を結ぶ
1953	テレビ放送が始まる
1954	第五福竜丸事件 自衛隊設置 防衛庁設置
1955	社会党統一・自由民主党結成→55年体制 第1回原水爆禁止世界大会
1956	日ソ共同宣言を発表 日本の国際連合への加盟
1960	日米安全保障条約を改定

昭和時代（2）

▲ダグラス・マッカーサーと昭和天皇

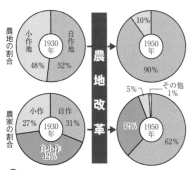

▲農地改革の農地・農家の変化

発展キーワード

「ギブミーチョコ レート!」と「天 皇の人間宣言」

敗戦直後の日本は、経済も産業も壊滅状態でした。空腹にたえかねた子どもたちはアメリカ兵たちに「ギブミーチョコレート」と食べ物をねだりました。また1945年9月にマッカーサーに面会した昭和天皇は、1946年1月1日「天皇の人間宣言」とよばれる詔書を出して、天皇は神である、つまり「現人神」である、という考えを否定しました。

① 占領下の改革—日本の民主化

〈1〉 占領のなかの民主化

　ポツダム宣言を受け入れたのち、日本はアメリカ合衆国を中心とする連合国軍に占領されました。1945年9月、降伏文書の調印が東京湾内に停泊中のアメリカ戦艦ミズーリ号上で行われました。**ポツダム宣言**に基づいて日本の領土は、北海道・本州・四国・九州と周辺の島々に限られ、沖縄・奄美・小笠原諸島はアメリカの軍政下におかれました。そして連合国軍は**連合国軍最高司令官総司令部（ＧＨＱ）**を東京に設け、総司令部の指令・勧告によって日本政府が政治を行う間接統治が始まりました。GHQの最高指導責任者は**ダグラス・マッカーサー**でした。

　GHQは、日本を非軍事化し、民主的な国家に改めるため、次々に指令を出しました。まず軍隊が解散され、治安維持法が廃止されました。戦争の責任者が軍事裁判にかけられるなど、戦争犯罪が裁かれました。これを**極東国際軍事裁判（東京裁判）**といい、東条英機ら7名に死刑判決が言い渡されました。このほか通常の戦犯（B・C級戦犯）として937人が死刑、358人が終身刑をうけました。

　また、女性に参政権が認められ、**20歳以上の男女すべてが選挙権を持つ**ことになりました。1946年には、戦後最初の衆議院の総選挙が行われ、39名の女性議員が誕生しました。GHQは、三井・三菱・住友・安田などの**財閥**が軍国主義を支

発展キーワード

GHQによる五大改革指令

1945年10月、マッカーサーが幣原喜重郎首相に口頭で指示した五大改革指令とは①婦人の解放②労働者の団結権の保障③教育の民主化④圧制的制度の廃止⑤経済の民主化の5項目をいいます。これに基づいて、様々な改革が実行されました。

えたとしてこれを**解体**しました。農村の民主化と食料不足からくる社会不安を取り除くため、**農地改革**が実行され、小作人が自作農となりました。さらに、労働者の権利を守るために**労働組合法**や**労働基準法**などがつくられました。

〈2〉 日本国憲法の制定・諸制度の改革

　日本国憲法が 1946 年 11 月 3 日に**公布**され、翌年 5 月 3 日から**施行**されました。民主主義にもとづいて、**国民主権**（政治の進め方を決める主権は国民にあること）、**基本的人権の尊重**（人間らしく生きる権利を守ること）、**平和主義**（二度と戦争はしないこと）の 3 つの柱が示され、また、天皇は日本の国と国民のまとまりの**象徴**と定められました。

　これにあわせて**民法・刑法**が改正されました。また、**地方自治法・教育基本法**も制定されました。また、小・中学校 9 か年を義務教育とする 6・3・3・4 制の教育制度が設けられました。

🔷日本国憲法（官報号外）
（上：表紙　下：本文）

〈3〉 敗戦直後の国民生活

　多くの国民は食料難や衣類の不足になやみ、空襲を受けた人や海外から引き揚げてきた人などが家や職を求めて町にあふれ、苦しい生活を続けました。

　しかし、物理学者の**湯川秀樹**は中間子理論によって、1949 年に日本人として初めての**ノーベル賞**（**物理学賞**）を受賞し、人々に自信を与えました。また古橋広之進は水泳で次々に世界記録をぬりかえて、人々の気持ちを明るくしました。

2　占領政策の転換—日本の独立

〈1〉 国際連合の成立

　1945 年、51 か国の代表がアメリカのサンフランシスコに集まり、世界の平和を守る**国際連合**を発足させました。本部は**ニューヨーク**におかれ、アメリカ・ソ連（現在はロシア）・イギリス・フランス・中華民国（現在は中華人民共和国）の 5 大国が安全保障理事会の常任理事国として、大きな責任と権限をもつことになりました。

発展キーワード

国際連合

　1945 年 10 月成立。本部はアメリカのニューヨーク。193 か国加盟（2023 年 3 月現在）。総会は一国一票制による多数決。安全保障理事会は 5 常任理事国の拒否権を認めています。現在、財政難という問題をかかえています。

〈2〉二大陣営の対立

第二次世界大戦後、世界はアメリカを中心とする資本主義国家群とソビエト連邦（ソ連）を中心とする社会主義国家群の東西の両陣営に分かれ、激しく対立しました。このように、実際に戦火を交えない対立の状態を**冷戦（冷たい戦争）**といいます。

アメリカと西ヨーロッパ諸国は1949年、**北大西洋条約機構（NATO）**を結成し、これに対抗してソ連は1955年、東ヨーロッパ諸国と**ワルシャワ条約機構**を結成しました。

〈3〉アジア・アフリカの変化——解放運動と独立達成

長い間、欧米諸国の植民地支配下にあった諸民族は各地で解放運動を展開し、次々に独立を達成していきました。

1946年	フィリピンがアメリカから独立
1947年	インド・パキスタンがイギリスから独立
1948年	ビルマ（現ミャンマー）がイギリスから独立
1949年	毛沢東を主席とする中華人民共和国が成立し、国民党政府は台湾に逃れました。 インドネシアがオランダから独立。

🔺アジアの国々の独立

数多くの植民地がつくられたアフリカでも1960年を頂点に多くの国が独立し、1960年は「アフリカの年」とよばれました。

〈4〉朝鮮戦争と対日政策の変化

第二次世界大戦後、朝鮮はアメリカとソ連という2大国によって南北に分断され、1948年、アメリカが占領した南に**大韓民国**、ソ連が占領した北に**朝鮮民主主義人民共和国**がつくられました。しかし、両国は対立を深め、ついには1950年、**朝鮮戦争**がおこりました。アメリカ軍を中心とした国連軍と、義勇軍の名で軍を送ってきた中華人民共和国と力をあわせた北朝鮮軍が北緯38度ラインで一進一退を繰り返し、ついに1953年板門店で休戦協定が成立しました。

朝鮮戦争では、日本本土や沖縄に置かれていたアメリカ軍の基地が使用され、大量の軍需物資が日本で調達され、日本の経済は好景気（**特需景気**）をむかえて、経済復興を早めました。

🔺朝鮮戦争の各国の動き

発展キーワード

特需景気

特需とはアメリカ軍が直接日本から買い付けた軍需品やサービスなどの需要をいいます。このほかアメリカの戦争需要のために対米輸出もふえ、金属製品やせんい製品の生産がふえて、鉱工業生産の全体も戦前の水準を突破しました。

〈5〉サンフランシスコ平和条約と日米安全保障条約

　ソ連を中心とする社会主義（共産主義）勢力に対抗する役割
を日本に期待したアメリカは、朝鮮戦争前から占領政策の修正
を始めていました。戦争がおこると、国内治安のためと称して、
1950 年、日本に**警察予備隊**をつくらせました（これはのちに
保安隊、1954 年に**自衛隊**となります）。

　1951 年、アメリカを中心にしてサンフランシスコで講和会
議が開かれ、**吉田茂**内閣のもと日本は 48 か国と**サンフラン
シスコ平和条約**を結びました。同時に、日本とアメリカは**日
米安全保障条約**を結び、アメリカ軍の各地の軍事施設の利用
を認めました。この時の首席全権は吉田茂でした。

◀ サンフランシスコ平和条約（調印式）
サンフランシスコのオペラハウスで
1951 年 9 月 8 日に行われた。
署名しているのは、吉田茂首相。

日米安全保障条約（安保条約）の内容

サンフランシスコ平和条約が調印されたその日の夕方にこの条約が結ばれました。
1951 年 9 月 8 日調印　1952 年 4 月 28 日発効

1　日本国内にアメリカ軍の駐留を認める。→講和条約で占領が終わるので、占領軍としては撤退しなければならない。

2　アメリカ政府以外に軍事的権利を与えない。

3　アメリカ軍の配備については日米行政協定で決める。→　日米行政協定とは①基地の提供　②日本は防衛分担金
をはらう　③アメリカ軍関係者の犯罪はアメリカに裁判権がある、といった内容。

4　アメリカ軍は日本を安全保障する義務はない。

〈6〉平和への努力

　1949 年、ソ連が原爆を保有し、アメリカの核兵器独占が破
られると、さらに強力な水爆の開発競争が開始されました。
1954 年にはビキニ環礁でのアメリカの水爆実験による「死の
灰」をあびた日本の漁船乗組員が死亡する事件（**第五福竜丸
事件**）がおきました。

この事件をきっかけに原水爆禁止運動がもりあがり、1955年、広島で**第一回原水爆禁止世界大会**が開かれました。

発展キーワード

ゴジラの登場

戦後の冷戦による東西対立が激しくなると、米ソの核兵器開発競争もまた激化しました。1954年アメリカがビキニ環礁で水爆実験を行い、日本のマグロ漁船「第五福竜丸」が「死の灰」をあび、1名が死亡しました。この同じ年に、映画の世界に「ゴジラ」が登場しました。海底深く眠っていた未知の生物が水爆実験で目覚め、放射能の影響で変化し、ゴジラが地上に登場したのです。東京の街や国会議事堂を破壊するゴジラの姿は、地球を破滅に追い込む人間自身のおろかさを示すものでもありました。

🔺映画「ゴジラ」ポスター
（「ゴジラ」©TOHO CO.,LTD.）

発展キーワード

平和五原則

領土主権の尊重、相互不可侵、内政不干渉、平等互恵、平和共存の五原則のこと。これに民族自決や主権の平等などがもりこまれて、バンドン十原則が宣言されました。

〈7〉アジア・アフリカ会議（A・A会議、バンドン会議）

1954年、中国の周恩来首相とインドのネルー首相が、平和五原則を発表しました。1955年には、インドネシアのバンドンに29か国の代表が集まり（**アジア・アフリカ会議**）、植民地主義反対、民族の独立と世界の平和を守ることを誓い合い、米ソの二大陣営のどちらにも味方しない非同盟第三勢力として、世界平和に大きな影響をおよぼすようになりました。

〈8〉日ソ共同宣言と日本の国際連合加盟

1956年、スターリン死後のソ連の政策変更を予感した鳩山一郎首相は**日ソ共同宣言**に調印し、ソ連との国交回復が実現しました。同年、日本は**国際連合への加盟**を認められ、国際社会へ復帰しました。

第 ⑯ 章
昭和時代（3）

この章のポイント

前章からの流れ

　GHQ の占領政策のもと新憲法が制定され、戦後の復興が始まりました。サンフランシスコ平和条約のあと高度経済成長期を迎えます。

ポイント

　1960 年代から 70 年代を迎え経済がのびていきます。その一方で、どんな問題がおこっていたのでしょうか。アメリカや中国との関係もよく学びましょう。

1 **1960 年代からの日本 ― 高度経済成長** ━━━━━━━ 政治　社会
　キーワード　所得倍増計画・東京オリンピック・東海道新幹線・沖縄返還

2 **ベトナム戦争と第 2 次高度成長** ━━━━━━━━━━ 政治
　キーワード　公害対策基本法・環境庁

3 **日中国交回復の実現** ━━━━━━━━━━━━━━━ 政治
　キーワード　日中共同声明・田中角栄・日中平和友好条約

4 **列島改造とオイルショック** ━━━━━━━━━━ 政治　社会
　キーワード　第四次中東戦争・石油危機

5 **高度成長期の文化** ━━━━━━━━━━━━━━━━ 文化
　キーワード　核家族・原子力発電・カラーテレビ

6 **1980 年代の日本の動向** ━━━━━━━━━━━━ 政治　社会
　キーワード　貿易摩擦

	20世紀
	昭和時代

1960	新日米安全保障条約調印
	カラーテレビの本放送開始
1963	部分的核実験停止条約調印
1964	佐藤栄作内閣成立
	東海道新幹線開業
	第18回オリンピック東京大会
1967	公害対策基本法公布
1968	小笠原諸島返還
	核兵器拡散防止条約調印
1970	日米安全保障条約、自動延長
	米の生産調整（減反政策）
1971	環境庁発足
	日本万国博覧会開催
1972	沖縄返還
	国連人間環境会議開催
1973	日中共同声明調印
	第一次石油危機発生
1975	第一回主要国首脳会議
1976	ロッキード事件
1978	日中平和友好条約調印
	新東京国際空港（成田空港）開港
1979	第二次石油危機発生
1980	イラン・イラク戦争
1983	参議院初の比例代表選挙実施
1985	男女雇用機会均等法成立
1987	国鉄分割民営化ＪＲ７社発足

昭和時代（3）

①　1960年代からの日本—高度経済成長

〈1〉新しい日米安全保障条約

　1957年に成立した岸信介内閣は、「日米新時代」を唱え、経済力・自衛力の強化につとめるとともに、日米安全保障条約の改定交渉に入り、1960年1月に日米相互協力及び安全保障条約（新安保条約）に調印しました。この新条約については、日本とアメリカとが互いに軍事協力することで、日本が再び戦争に巻き込まれる危険があるとして反対の声も強く、同年5月には衆議院で反対議員欠席のまま承認決議が強行されました。これをきっかけに、安保反対運動（**安保闘争**）が全国でくり広げられ、岸内閣の退陣を要求する声が高まりました。そして新安保条約発効の直後、岸内閣は総辞職しました。

〈2〉池田内閣の成立と政策

　1960年7月、岸内閣退陣のあとをうけて**池田勇人**内閣が成立しました。池田内閣は「寛容と忍耐」を唱え、政治的対立をさけながら、**所得倍増計画**（10年間に1人あたりの収入が2倍になります、ということ）を掲げ、経済成長を政策の柱にすえました。日本経済は、技術革新の波に乗って、鉄鋼・石油化学などの工業を中心に高い成長率を示し、日本は世界有数の工業国となりました。

　また、池田内閣の時の1964（昭和39）年、**東京オリンピック**が開催され、**東海道新幹線**の開通・高速道路の開通など建設ブームが続き、家庭には様々な電化製品が普及するようになって、文化生活ということばがもてはやされました。

　しかし、このような経済の急激な発達は、都市、特に太平洋ベルトへ労働力を集中させ、必然的に農村の衰退をまねき、過疎・過密問題を深刻化させました。この問題を防ぐために政府は、農業基本法を制定（1961年）し、農家の経営規模の拡大や自立経営農家の育成をはかりましたが、期待したとおりにす

発展キーワード

三種の神器と新三種の神器

　三種の神器とはもともとは天皇の象徴として伝わる宝物（鏡、剣、勾玉）でした。しかし1950年代後半の家庭電化ブームを象徴する3つの商品（電気洗濯機、電気冷蔵庫、白黒テレビ）を意味する場合もあります。1960年代の高度成長期になると、新三種の神器が出現します。それはカラーテレビ・マイカー・クーラーのことで、別名「3C」と称されます(P.162参照)。

すみませんでした。

〈3〉佐藤内閣の成立と政治の停滞

病気により退陣を余儀なくされた池田内閣にかわり、1964年11月、**佐藤栄作**内閣が成立しました。佐藤内閣はアメリカの力の政策に積極的に協力する姿勢をとり、1965年には**日韓基本条約**を締結しました。この背景には**ベトナム戦争**の激化をうけたアメリカの強い圧力もありました。

日韓基本条約とその付属協定の内容は、（1）韓国併合条約（1910年）など過去の条約はもはや無効であること、（2）大韓民国を朝鮮半島における唯一合法の政府と認めること（朝鮮民主主義人民共和国は国として認めないということ）、（3）日本は韓国に無償・有償援助5億ドルを供与すること、などでした。また、佐藤内閣は「核抜き・本土並み」の条件で沖縄返還交渉を成立させ、1971年6月沖縄返還協定に調印して、翌1972年5月15日、**沖縄の祖国復帰**が実現しました（なお、小笠原諸島は1968年に返還されていました）。

② ベトナム戦争と第2次高度成長

1965年からアメリカのベトナムへの直接介入をきっかけとして「ベトナム特需」がうまれ、そのおかげで、日本の経済は爆発的なのびを示しました。日本は1968年にはGNP（国民総生産）で西ドイツをぬき、資本主義国第2位の地位を獲得、アメリカに迫る勢いを見せました。

しかし、60年代以降の経済成長は、地域住民の健康安全への配慮を欠いたものとなり、産業公害が続出し、四大公害裁判をはじめとして各地で公害反対や自然環境の保護を訴える住民運動が高まりました。

このため政府は、1967年に**公害対策基本法**（1993年、**環境基本法**制定）を制定、1971年には**環境庁**（2001年、**環境省**に昇格）を設置し、公害問題と環境保護に取り組むことになりました。

発展キーワード

「北爆」と沖縄・特需景気

1965年アメリカは本格的に北ベトナムの爆撃を開始しました（北爆開始）。その主力は世界最大の長距離戦略爆撃機のB52でした。当時は沖縄の嘉手納基地がその前進基地・発進基地に使用されました。アメリカ軍はゲリラ対策のため毒ガスや枯葉剤などの化学兵器を多用し、森林を消滅させようとしました。枯葉剤に含まれる有毒物質のダイオキシンはのちのちまで人々の健康をおびやかしました。しかしこの戦争の激化で、日本には「ベトナム特需」による好景気が訪れ、国内では3C（カー・クーラー・カラーテレビ）を楽しむようになりました。

発展キーワード

高度経済成長のツケ

1960年代、工場の集中する都市部に「集団就職」などで若い労働力が集まり、都会の過密化が進んで、ラッシュアワーが当たり前の風景になりました。大都市周辺の衛星都市に急激に人口が集中し、生活環境が一気に悪化しました。また農村は荒廃し、過疎化が始まり、医者のいない村ができたり、児童数の減少で学校が廃止されることもありました。公害が多発したのもこの時期でした。大気汚染・地盤沈下・ヘドロ公害・ごみ処理問題などが深刻な社会問題となりました。

③ 日中国交回復の実現

1972年2月、ベトナム戦争の解決を目的としてアメリカのニクソン大統領が自ら中国を訪問し、毛沢東・周恩来との会談をへて、米中和解への道が開けました。アメリカと中国の正式の国交成立は、1979年でした。

1972年、佐藤内閣にかわって同じく自由民主党の**田中角栄**内閣が成立しました。田中内閣は中国問題に積極的に取り組む姿勢を示し、同年9月、田中角栄首相は北京を訪問、国交正常化をうたった**日中共同声明**を発表、この声明によって大陸中国との関係がやっと正常化されました。日本政府は中華人民共和国政府を唯一の合法政府として認め、両国は平和と友好を発展させることを誓いました。そして1978年、福田赳夫内閣のとき、平和共存とアジア・太平洋における覇権主義反対（両国は主権を尊重し、領土を侵さず、内政に干渉しない）を確認した**日中平和友好条約**が調印されました。

◀ 日中共同声明
（左から　周恩来・毛沢東・田中角栄）

④ 列島改造とオイルショック

中国との国交回復を外交政策の柱とした田中内閣は、国内政策としては、「日本列島改造論」を柱としました。これは過疎・過密問題を一挙に解決することを目ざしたものでしたが、インフレ政策でだぶついたお金が土地投機に走り、日本全国の地価の異常高騰を招き、人々の反発を買いました。

1973年、**第四次中東戦争**をきっかけに、オペック（OPEC－石油輸出国機構）諸国は原油価格を一気に引き上げ、その波をもろにかぶった日本は、パニック状態になり、「**オイルショック**」・「**石油危機**」という言葉が新聞をにぎわせました。物価はたちまち高騰し、買い占め・売り惜しみによる品不足は、ト

発展キーワード

田中角栄「政・官・民癒着構造」の完成

貧しい農家に生まれた田中角栄は首相就任当時、豊臣秀吉の出世物語になぞらえて「今太閤」とか「庶民宰相」、「コンピュータ付きブルドーザー」などの異名がつけられました。しかし地方に多額の税金をばらまき、この税金を目当てとする系列企業集団を作り、票田としてもフル活用し、利益誘導機構を作り上げ、また官僚も「天下り」するなど企業と癒着する構造がこのときに完成されたのです。1976年のロッキード事件による田中逮捕は、政界と大企業との癒着、それに高級官僚が介在するという日本の政界・財界・官界の構造的癒着をあらわにしました。

イレットペーパー・洗剤などの生活必需品にまで及びました。1974 年、日本は戦後初めて国民総生産が減少、高度経済成長に終止符が打たれました。

このような中で、田中角栄は土地の利権にからむ「田中金脈問題」で大きな疑惑を招き退陣、1974 年には三木武夫内閣が成立しました。1976 年に入ると航空機売り込みをめぐる汚職事件（**ロッキード事件**）が暴露され、前首相の田中角栄は逮捕、自民党内の党内抗争は激化、1976 年 12 月の総選挙で自民党は敗れ、三木内閣は退陣、福田赳夫内閣が成立しました。

福田内閣は円高による不況の克服・貿易黒字問題・赤字国債の解消などに取り組み、1978 年、**日中平和友好条約**にも調印しましたが、自民党総選挙の敗退を受けて退陣、大平正芳内閣が成立しました。

大平内閣は**アフガニスタン問題**（1979 年、ソ連がアフガニスタンに侵攻した事件）で米ソが対立すると強くアメリカを支持、その結果、ソ連との関係がやや悪化しました。大平首相は 1980 年、総選挙のさなかに死去し、かわって鈴木善幸内閣が成立し、次いで 1982 年、中曽根康弘内閣が成立しました。

5 高度成長期の文化

1970 年の統計によると、日本全国の一世帯あたりの人員は平均 3.41 人であり、夫婦とその子どもからなる**核家族**が広く形成され、古い家族制度の土台は崩れました。そうした核家族化の進展にともない、レジャー、マイカーなどの現代語に象徴されるように消費生活の充実を家庭の幸せとするマイホーム主義の心情がひろまりました。

1957 年には茨城県東海村で**原子力発電**が始まり、1970 年には日本最初の人工衛星「おおすみ」が打ち上げられ、1964 年の第 18 回オリンピック東京大会の開催、1970 年の日本万国博覧会（大阪府吹田市開催）、1985 年の科学万国博覧会（現在の茨城県つくば市で開催）などの国際的行事も数多く日本で開かれました。

1960 年から始まった**カラーテレビ放送**（白黒は 1953 年から）はテレビを一躍マスコミの主流におしあげました。1968 年には川端康成がノーベル文学賞を受賞し、政府も日本固有の文化を守るとの意図から**文化庁**を設置しました。

発展キーワード トイレットペーパーが無くなる!?

トイレットペーパーは 1973 年の 9 月までは 1 ロール約 21 円でした。しかし 10 月には約 35 円まで上がりました。11 月 1 日、大阪のスーパーマーケットでは 4 ロール 200 円（1 ロール 50 円）が 30 分で売り切れたといいます。日本全国で灯油、砂糖、塩などで同じことがおきました。物不足のうわさが流れると、売り惜しみや便乗値上げがあいつぎ国内はパニックになりました。

発展キーワード 原子力発電

日本は 1955 年にアメリカと原子力協定を結び、1957 年 9 月茨城県東海村で原子炉の運転を開始しました。唯一の被爆国である日本は核兵器については「**非核三原則**」（核兵器を作らず・持たず・持ち込ませず）を守り、工業動力としての原子力の平和利用に力を入れるとの政府の方針の下、各地で原子力発電所が建設されました。

発展キーワード

ノーベル賞 日本人受賞者

- ■湯川秀樹（物理学賞、1949年）
- ■朝永振一郎（物理学賞、1965年）
- ■川端康成（文学賞、1968年）
- ■江崎玲於奈（物理学賞、1973年）
- ■佐藤栄作（平和賞、1974年）
- ■福井謙一（化学賞、1981年）
- ■利根川進（医学・生理学賞、1987年）
- ■大江健三郎（文学賞、1994年）
- ■白川英樹（化学賞、2000年）
- ■野依良治（化学賞、2001年）
- ■小柴昌俊（物理学賞、2002年）
- ■田中耕一（化学賞、2002年）
- ■小林 誠（物理学賞、2008年）
- ■益川敏英（物理学賞、2008年）
- ■下村 脩（化学賞、2008年）
- ■南部陽一郎 ※（物理学賞、2008年）
- ■鈴木 章（化学賞、2010年）
- ■根岸英一（化学賞、2010年）
- ■山中伸弥（医学・生理学賞、2012年）
- ■赤﨑 勇（物理学賞、2014年）
- ■天野 浩（物理学賞、2014年）
- ■中村修二 ※（物理学賞、2014年）
- ■梶田隆章（物理学賞、2015年）
- ■大村 智（医学・生理学賞、2015年）
- ■大隅良典（医学・生理学賞、2016年）
- ■カズオ・イシグロ＊（文学賞、2017年）
- ■本庶 佑（医学・生理学賞、2018年）
- ■吉野 彰（化学賞、2019年）
- ■真鍋淑郎 ※（物理学賞、2021年）

※国籍は米国　＊国籍はイギリス

この中で 1965・1973 年、ノーベル物理学賞が朝永振一郎・江崎玲於奈に、ノーベル化学賞が 1981 年、福井謙一に授与されました。また、1987 年には利根川 進がノーベル医学・生理学賞を受賞しました。

❻ 1980 年代の日本の動向

オイルショックを省エネ（省エネルギー）と生産技術の死にもの狂いの改善によって乗り切った日本は、対応が遅れた欧米諸国を尻目に工業部門において、いわば一人勝ちの様相をみせ、貿易黒字は膨大な額に達しました（日本の生産構造もエネルギー大量消費型の“重厚長大”産業から省エネ型の“軽薄短小”産業に変わりつつあるといわれました）。

日本がこのような繁栄を謳歌したことや日本市場の閉鎖性のため、欧米のいらだちはつのるばかりで、“ジャパンバッシング”（日本たたき）は激しくなりました。

1982 年に成立した中曽根内閣は「行財政改革と内需拡大」を柱として政策を展開、国鉄の分割・民営化（7 つに分割、ＪＲと名前をかえる）、電電公社（現在のＮＴＴ）と専売公社（現在のＪＴ、日本たばこ産業）の民営化を行いましたが、アメリカの要請による内需拡大は、いわゆる**バブル経済**（地価と株価が異常な高騰をみせた経済）を生み出してしまいました。

1987 年、竹下 登内閣が成立し、**消費税**（1989 年 4 月導入）を新設しましたが、**貿易摩擦**（摩擦解消の一方策として、アメリカはオレンジ・牛肉の輸入自由化を実現させました）、国民の税に対する不公平感、“富むものと富まざるもの”の階層分化、高齢社会への対応などの問題は先送りされてきただけで、何一つ解決されることはありませんでした。また、日本経済も円高のいっそうの進展にともない、“**産業の空洞化**”の危険性をかかえこむこととなりました。

発展キーワード

貿易摩擦

1970 年代には、自動車・せんい製品・工作機械などが、1980 年代には半導体・カラーテレビ・ビデオなどの輸出がやりだまにあげられました。そののちアメリカ側はそうした特定の製品の攻撃よりも、日本市場に存在する独特の商慣習や役所の規制などが、外国企業の進出をはばむものであるという非難を多くするようになりました。

歴史コラム　①高度経済成長の光と影

　1956 年、経済企画庁は『経済白書』の中で「もはや戦後ではない」と書き、当時の流行語になりました。経済成長の牽引役（けんいん）になったのは 1955 年前後の大企業による設備投資（せつびとうし）でした。はじめは造船業でした。つづいて耐久消費財の需要にこたえるための機械工業や、エネルギー革命に備えた石油化学工業などでした。こうした設備投資ブームのつづく中で、好景気の直接のきっかけになったのは、輸出の拡大でした。海岸にのぞむ立地条件のよい鉄鋼業を背景に、安くて質の高い労働力に支えられた造船業は、輸出の好調な伸びで 1956 年には生産高で世界一になり、その後も首位をつづけました。55 年下半期からの神武景気（じんむ）といわれる好況をもたらしたのは、造船世界 NO.1 を牽引者とする好調な輸出でした。

　冷蔵庫や洗濯機、テレビなどの電化製品が、一般家庭で使われ始めるようになったのは、プロレスでは力道山（りきどうざん）、相撲（すもう）では栃錦（とちにしき）や若乃花（わかのはな）（初代）が活躍し、皇太子（明仁親王）（あきひと）の結婚が騒（さわ）がれたころでした。年代でいえば 1953 年から 1959 年ころです。

　1959 年にはオリンピックの東京開催が決まり、1964 年の開催に向けて東海道新幹線、首都高速道路、地下鉄、国立代々木競技場など、大型の建設事業が始まります。電器メーカーも「オリンピックをカラーテレビで見よう」と宣伝し、活発に生産します。人々の生活は電化、高速化、高層化へと大きく変化しました。この生活水準の向上を国民の多くが実感した時期を「高度成長」の時代といいます。

　このころの様子をふりかえると、1954 年から 1974 年までの約 20 年間は、多少の不況はありましたが、経済の成長率が年平均

🔺 三種の神器（洗濯機・冷蔵庫・白黒テレビ）

10％を超える急テンポの成長を続け、高度成長の時代となったのです。この期間に、日本の GNP（国民総生産）はイギリス、西ドイツ（現在のドイツ）を追い抜き、アメリカに次ぐ資本主義世界第２位の経済力を持つようになりました。このような日本の経済成長は、「日本の奇蹟」（驚くほどの成長）とよばれ、のちに「黄金の 60 年代」という言葉も生まれました。

しかしこの高度経済成長は大きなツケをはらわなければなりませんでした。若い労働力が農村からひきぬかれ都会にうつった結果、農村から若者が姿を消し、爺ちゃん・婆ちゃん・母ちゃんの「三ちゃん農業」が農村の普通の姿になってしまいました。このような農村地帯から不満がおこるのは当然のことでした。しかもその農村地帯こそ権力の座にある自由民主党の選挙地盤だったのです。こうした農村の不満を解消するために、自由民主党がとった手段は農村への補助金のばらまきでした。しかしそれは根本的に農村の構造を改革したり、農村を近代化したりするものではありませんでした。政府は農業団体や農村議員の圧力で、毎年生産者米価を引き上げ、都市議員の要求で消費者米価をすえおいたため、毎年赤字が増えつづけました。この食管赤字が財政赤字の火付け役となったのです。

また経済の急成長は公害問題と都市問題を生み出しました。

三井金属による神通川流域の「イタイイタイ病」、チッソによる「水俣病」、石油化学コンビナートによる「四日市ぜんそく」、昭和電工による、阿賀野川流域の「新潟水俣病」などの公害がたて続けに社会問題になりました。

また都市人口が急増し、住宅建設が追いつかず、大都市周辺にも人があふれ出しました。道路の建設や学校の増設が間に合わず、通勤のための交通手段の整備や、ガス・水道・下水などの整備も追いつきませんでした。特に都市で深刻な問題になったのは大気汚染でした。こうして都市ぜんそくの患者数が急速に増加しました。自動車の急増による交通事故も増加していきました。

このように高度経済成長は人々の生活の豊かさを生み出すとともに、多くの社会問題も生み出していったのでした。

🔺 新三種の神器（カラーテレビ・クーラー・カー）

歴史コラム　②石油危機の衝撃

　1973 年 10 月、エジプト軍はシナイ半島に、シリア軍はゴラン高原に進撃を開始し、第四次中東戦争が始まりました。これらの地域は 1967 年の第三次中東戦争でイスラエル軍が占領し、そのまま支配をつづけているところでした。開戦まもなくペルシャ湾岸 6 か国は石油価格の 21 パーセント引き上げを宣言するとともに、アラブ石油輸出国機構（OAPEC）加盟 10 か国はイスラエル支援国向けの石油生産の削減を決定しました。イスラエル支援国に対し、石油を武器として制裁を加える石油戦略を発動したのです。これと同時に石油輸出国機構（OPEC）はそれまでの約 4 倍近い原油価格の大幅値上げを決定しました。こうしてわずか 3 か月で、1 バレル（約 159 リットル）が 2.26 ドルから 12 ドル近くの高値になったのです。

　当時日本社会は「石油漬け」といわれるほど石油に頼っていました。しかも 99.7 パーセントまで石油を輸入に頼っていましたから、「油上の楼閣」と言われるほど基盤は不安定でした。そのためこの影響が人々の生活を激しく直撃しました。石油の備蓄も 40 日分程度しかなく、日本はパニック状態となりました。

　それまでアメリカに遠慮してイスラエル寄りの中東政策をとっていましたが、この危機を前にして、アメリカに気がねする余裕はなくなり、当時の田中内閣は、イスラエルを非難する親アラブ政策への転換を決め、三木副総理を政府特使として中東に訪問させました。石油ほしさのアラブ支持への転換であり、

「物乞い行脚」と言われましたが、1973 年の 12 月にはアラブ石油輸出国機構は日本を友好国と認めました。

　しかし石油危機はインフレに苦しむ消費者の不安をつのらせ、買い急ぎ、買いだめに走らせました。砂糖・せっけん・合成洗剤の品不足がおこり、トイレットペーパーの買いだめのためパニックとなり、買い物客が殺到してけが人が出るさわぎになりました。

　1960 年代から「奇蹟」といわれた日本の高度経済成長は、この石油危機で完全に勢いを失いました。また世界的にもインフレーションとなり、不況と同時に進行するという、スタグフレーションという状況が世界にひろまりました。この危機に対処するため、1975 年 11 月パリ郊外の古城ランブイエで、英・米・日・仏・西独・伊による 6 か国首脳会議が開かれました。これは先進国首脳会議（サミット）とよばれ、現在は主要国首脳会議として毎年開催されています。

　その後日本は、政府が率先して「省エネルギー」キャンペーンを推進し、企業は大胆な人員整理を行い「合理化」「減量化」をおし進めました。また技術革新によるロボットの導入も進められ、日本の企業のコスト切り下げ、競争力の強化はいっきょにすすみました。1976 年にはアメリカ向けの鉄鋼・自動車の輸出が好調で、対米貿易収支が黒字となり、これが景気回復のきっかけになりました。こうして日本経済は世界不況を尻目に再び発展したのでした。

歴史コラム

③田中内閣と日中国交回復

　1972（昭和47）年7月5日、自由民主党の総裁選挙で、田中角栄通商産業大臣がライバルの福田赳夫外務大臣を破って総裁に選ばれ、7年8か月にわたって長期政権を維持した佐藤内閣の退陣を受けて、同年7月7日、国会で内閣総理大臣に指名されました。

　田中はさまざまな意味で、異色の首相でした。第二次世界大戦終結後に誕生したそれまでの10人の首相がすべて高い学歴の持ち主で、うち8人が帝国大学（東京帝大7、京都帝大1）出身であるのに比べると、田中はそうした学歴もなく、高級官僚や言論人あがりでもありませんでした。新潟の貧しい農家に生まれて困苦の少年時代を送り、戦後の混乱の中、土建業界の青年社長として頭角を現し政界に飛び込み、39歳で郵政大臣となり、54歳という、戦後最年少で首相の座に就いたのでした。

　マスコミは、豊臣秀吉の出世物語になぞらえて田中を「今太閤」とはやし立て、高級官僚出身で「待ちの政治家」といわれた佐藤栄作前首相の長期政権にいささかあきていた国民は、佐藤と対照的な「庶民的」で「決断と実行」に富んだ若い新首相に大きな期待をかけました。

　田中内閣が最大の外交課題としたのは、日中国交正常化でした。アメリカからの圧力もあって、1952（昭和27）年4月、サンフランシスコ平和条約の発効にあたり、日本政府は中華民国国民政府（台湾）と日華平和条約を結び、中華人民共和国との国交は、20年余り断絶状態が続いていたのでした。

　しかし、中華人民共和国は、1970年代に入ると文化大革命の混乱収拾に向かい、国際社会では第三世界の支持を集めて、1971年には中華民国に代わって国際連合の代表権が認められ、安全保障理事会の常任理事国となりました。1972年初めにはニクソンアメリカ大統領の訪中により、米中の関係改善も進められていました。国内でも、日中国交正常化の実現を求める声が急速に高まりつつありました。

　こうした中で政権の座についた田中は、盟友大平正芳を外務大臣に任命して、日中国交正常化に取りかかりました。

　中国側でも周恩来首相が、田中内閣のこうした姿勢を歓迎する談話を発表しました。中国にとっても、ソ連との対立が深まる中でアメリカ・日本との関係を改善することは、ソ連に対抗する上で不可欠であったし、文化大革命による経済的疲弊から立ち直るには、経済大国日本の協力を得ることが必要でした。

　1972年7月末の竹入義勝公明党委員長と周恩来との会談の報告を受けて、中国側の感触をつかんだ田中は、自民党内の親台湾議員への根回しや台湾への特使派遣による了解工作を進めた上、同年9月25日、自ら大平外相、二階堂進官房長官らとともに北京へ飛び、周恩来との会談に臨みました。3日目、田中は毛沢東主席とも会見しました。こうして日中首脳会談を経て、1972年9月29日、人民大会堂において、日中共同声明が調印され、日本と中華人民共和国との「不正常な状態」は終結したのでした。

昭和天皇没　明仁親王即位、平成と改元　消費税導入　東西ドイツ統一　湾岸戦争、ソ連解体　国連平和維持活動（PKO）協力法　カンボジアへ自衛隊派遣　細川護煕内閣、55年体制崩壊　ヨーロッパ連合（EU）発足　"自・社・さ"の連立政権　阪神・淡路大震災発生　地下鉄サリン事件　小選挙区比例代表並立制総選挙実施　東海村動燃再処理工場で事故　消費税5%に　地球温暖化防止京都会議開催　新ガイドライン関連法成立　国旗・国歌法、通信傍受法成立　中央省庁、1府12省庁体制に　小泉純一郎内閣成立　初の日朝首脳会談が実現　イラク復興人道支援特別措置法　裁判員法成立　年金改革関連法成立　郵政民営化関連法成立　「京都議定書」発効　防衛省が発足　リーマンショック　鳩山由紀夫内閣成立　民主党、社会主義、国民新党の連立政権　東日本大震災発生　福島第一原発で被害発生　第2次安倍晋三内閣成立　消費税8%に　徳仁親王即位　消費税10%に　東京2020オリンピック開催

第17章
平成・令和時代－現代の世界と日本

この章のポイント

前章からの流れ

　高度経済成長から、オイルショック、貿易摩擦などの問題をへて、昭和時代が終わります。

ポイント

　時代は平成から令和とかわり、国内外で戦後のいろいろな体制に変化が生まれます。21世紀を迎えた世界と日本がどんな問題を抱えているか考えましょう。

1 昭和から平成へ—世界の激動と日本　〔政治〕〔社会〕
　キーワード　ロシア連邦・冷戦終結・消費税・バブル経済・PKO協力法

2 自民党単独政権の終わり—55年体制の崩壊　〔政治〕
　キーワード　小選挙区比例代表並立制

3 橋本政権—自民党単独政権の復活　〔政治〕

4 阪神・淡路大震災とオウムの衝撃　〔政治〕〔社会〕

5 小渕政権と森政権　6 小泉政権の発足　7 混迷を深める世界　〔政治〕
　キーワード　行政改革・イラク戦争

8 小泉政権から政権交代へ　〔政治〕〔社会〕
　キーワード　郵政民営化・教育改革・憲法改正・格差社会・少子高齢社会

9 日本をとりまく国際情勢　〔政治〕〔社会〕
　キーワード　北朝鮮・イランの核開発問題

10 安倍政権　〔政治〕
　キーワード　アベノミクス・集団的自衛権・天皇退位

11 令和新時代　〔政治〕

20世紀										21世紀												令和時代
平成時代																						
1989	1990	1991	1992	1993	1994	1995	1996	1997	1999	2001	2002	2003	2004	2005	2007	2008	2009	2011	2012	2014	2019	2021
昭和天皇没	明仁親王即位、平成と改元／消費税導入／東西ドイツ統一	湾岸戦争、ソ連解体	国連平和維持活動（PKO）協力法／カンボジアへ自衛隊派遣	細川護煕内閣、55年体制崩壊／ヨーロッパ連合（EU）発足	"自・社・さ"の連立政権	阪神・淡路大震災発生／地下鉄サリン事件	小選挙区比例代表並立制総選挙実施	東海村動燃再処理工場で事故／消費税5%に	地球温暖化防止京都会議開催／新ガイドライン関連法成立／国旗・国歌法、通信傍受法成立	中央省庁、1府12省庁体制に／小泉純一郎内閣成立	初の日朝首脳会談が実現	イラク復興人道支援特別措置法	裁判員法成立	年金改革関連法成立／郵政民営化関連法成立	「京都議定書」発効／防衛省が発足	リーマンショック	鳩山由紀夫内閣成立／民主党、社会主義、国民新党の連立政権	東日本大震災発生／福島第一原発で被害発生	第2次安倍晋三内閣成立	消費税8%に	徳仁親王即位／消費税10%に	東京2020オリンピック開催

平成時代−現代の世界と日本

ヤルタからマルタまで

1989年11月、「ベルリンの壁」が崩壊したのち、東欧の民主化革命が次々におこるなか、12月に地中海のマルタ島で、ゴルバチョフとブッシュの米ソ首脳会談が行われ「東西冷戦の終結と新時代の到来」が宣言されました。こうして1945年2月に行われたヤルタ会談以来の「東西冷戦」に終止符が打たれたのでした。

「壁を壊す市民たち」

下の写真は冷戦の象徴だった「ベルリンの壁」を壊す市民たちです。1989年11月、東ドイツ政府は西側諸国への出国や移動を自由にすると発表しました。1990年10月、東ドイツは西ドイツに編入され、消滅しました。

🔺ベルリンの壁崩壊

1 昭和から平成へ─世界の激動と日本

1989（昭和64）年、政府は新元号を『平成』と定めて、1月8日から施行しました。昭和天皇の死によって60年あまり続いた「昭和」は終わりました。

1980年代末から1990年代初めにかけて、国際社会では大きな変動がおきました。社会主義諸国における自由化と民主化の高まりです。ソ連では1980年代後半からペレストロイカ（改革・再編）が進められてきましたが、1990年代に入ると経済危機の深まりの中で、共産党の一党独裁体制が崩壊し、複数政党制と資本主義的な市場経済への移行が進行しました。そして第二次世界大戦以来ソ連に併合されていたバルト3国（エストニア・ラトビア・リトアニア）をはじめ、ソ連内の共和国が次々に独立しました。その結果、1991年にソ連は解体され、**ロシア連邦**を中心に、主権をもつ共和国によるゆるやかな**独立国家共同体（CIS）**となりました。

1989年、東西を分断する「**ベルリンの壁**」が撤去され、翌年、西ドイツが東ドイツを吸収する形で**ドイツ統一**が実現されました。東ヨーロッパ諸国であいついで社会主義体制が崩壊しました。こうして東西冷戦は終わりをつげました。

一方、中国では政治的には1989年、北京の天安門周辺で民主化を求める学生たちの大規模なデモがおきましたが、政府がこれを武力で鎮圧しました（**天安門事件**）。

1990年から91年にはソ連と韓国が国交を樹立し、韓国と北朝鮮が国連に同時加盟しましたが、一方ではイラクのクウェート侵攻から**湾岸戦争**（1991年）がおこり、中国・東ヨーロッパ・旧ソ連などで民族紛争が続発しました。

日本国内では1986年から1991年の間、**バブル経済**（超低金利による金あまりのため、巨額の資金が土地と株に流れて、これらの価格が異常に高騰し、実態とかけはなれた泡のように膨張した好景気）が頂点に達し、地価・株価が急騰しました。好景気にうかれる中、**消費税**を導入した竹下内閣は、国民か

ら批判をあび、またリクルート事件が発覚して退陣に追い込まれ、混乱の後、宇野宗佑内閣が成立しました。しかし参議院選挙で、自民党が惨敗、その責任をとるという名目で宇野内閣は総辞職しました。宇野内閣総辞職後、自民党は海部俊樹を後継総裁に選出し、1989年8月、海部内閣が成立しました。

　アメリカは日本の市場が完全に開放されたものになることを求め、市場開放への有形・無形の障害の撤去を要求し、強硬な姿勢を見せました。

　1991年、宮沢喜一が首相に就任しました。湾岸戦争をきっかけに、経済大国日本に対し、金銭面だけでなく経済力に見合った積極的な国際貢献を求める声がアメリカなどで高まり、日本国内でもそうした動きがおこりました。自衛隊の国連平和維持活動（PKO）の参加をめぐって世論が二分する中、1992年、**PKO協力法**を成立させました。このPKO協力法は同年施行され、同法に基づいて**自衛隊がカンボジアへ派遣**されました。

　ヨーロッパは、第二次世界大戦後、海外の植民地を失い、経済力が低下しました。国内では市場も限られ、アメリカや旧ソ連に対抗できないため、経済協力をすすめるようになりました。1958年に成立したヨーロッパ経済共同体（EEC）が、1967年にヨーロッパ共同体（EC）となり、1993年にECを母体として**ヨーロッパ連合（EU）**が発足しました。

オーストリア	イタリア
ベルギー	リトアニア
ブルガリア	ラトビア
キプロス	ルクセンブルク
チェコ	マルタ
ドイツ	オランダ
デンマーク	ポーランド
スペイン	ポルトガル
エストニア	ルーマニア
フィンランド	スロバキア
フランス	スロベニア
ギリシャ	スウェーデン
ハンガリー	アイルランド
クロアチア	

＊イギリスは2020年EU離脱

🔺 EUの加盟国（2023年3月現在）

② 自民党単独政権の終わり－55年体制の崩壊

　1993年に行われた衆議院総選挙で自民党の一党支配体制（**55年体制**：1955年の社会党の統一と自由民主党の結成により成立した、自民党が政権を保持し、社会党を中心とする野党と対立した体制）が崩壊し、代わって非自民8党派による細川護熙連立政権が発足しました。この政権は、選挙制度改革では**小選挙区比例代表並立制**の実現をめざしましたが、1994年、在任わずか8か月で総辞職しました。

　1994年6月には自民党・社会党・新党さきがけの連立政権が成立し、村山富市社会党委員長が首相になりました。この村山首相は「日米安保体制を堅持する」・「自衛隊は憲法の認めるもの」・「非武装中立は、冷戦が終結した今日、その政策的役割を終えた」・「日の丸、君が代は国民に定着しており、尊重する」と表明しました。この村山政権の時、**阪神・淡路大震災**（1995

年 1 月 17 日）がおきました。

❸ 橋本政権─自民党単独政権の復活

　1996 年、村山首相は突然辞意を表明、**橋本龍太郎**自民党総裁が内閣総理大臣に指名され、自民・社会・さきがけの 3 党連立政権が発足しました。この連立政権には、**沖縄米軍基地問題・薬害エイズ問題・消費税率引き上げ問題**（97 年 4 月より **5%**）など、様々な解決すべき課題がありました。

　1995 年 9 月の米軍兵士による少女暴行事件をきっかけに、沖縄県民の怒りが爆発した米軍基地問題をどう処理するかが、橋本首相の手腕にかかっていました。沖縄県の面積は日本全体のわずか 0.6% にすぎませんが、日本にある米軍専用施設の総面積の約 75% が、沖縄県に集中していました。上記の事件がきっかけで、沖縄では米軍基地の整理・縮小を求める運動が大きくなりました。1996 年 3 月、使用期限が切れた楚辺通信所の一部の地主が契約を拒否し、大田昌秀知事も代理で署名することを拒否しました。アメリカ政府は重い腰をあげ、普天間飛行場を 5 ～ 7 年後に返還すると約束しました。こうして、沖縄問題を一応解決した後、1996 年 9 月 27 日、橋本首相は臨時国会を召集、その冒頭で衆議院を解散しました。第 41 回衆議院総選挙は 10 月に投票が行われ、小選挙区比例代表並立制による最初の選挙として注目されました。

　衆議院が解散された翌日の 9 月 28 日、新しい政党「民主党」が結成されました。自民党初代総裁、鳩山一郎元首相の孫の鳩山由紀夫と、第 1 次橋本内閣の厚生大臣として薬害エイズ問題で活躍した菅直人が共同で代表となりました。この選挙は新制度で最初の選挙だったにもかかわらず、投票率（小選挙区）は 59.65% で、戦後最低記録を更新しました。

　選挙の結果、第 2 次橋本政権が発足しました。1993 年の宮沢喜一内閣以来 3 年 3 か月ぶりの自民党単独政権の復活でした。橋本龍太郎首相はこの第 2 次橋本内閣で「行政改革（省庁再編成など）を断行する」と述べ、強い決意を示しました。

❹ 阪神・淡路大震災とオウムの衝撃

　1995（平成 7）年 1 月 17 日午前 5 時 46 分、兵庫県淡路島北

沖縄本島

楚辺通信所
辺野古
普天間
基地
那覇

🔺 普天間基地と楚辺通信所

🔺地震で崩れた阪神高速道路

　部を震源地とするマグニチュード 7.3 の地震が発生し、神戸市、北淡町（淡路島）で震度 7 を記録しました。この地震によって、中高層住宅、高速道路、駅、病院などが倒壊し、死者は兵庫県、その他の府県を含めて 6435 人となり、1959（昭和 34）年の伊勢湾台風（死者 5098 人）を超える惨事となりました。

　倒壊家屋は、20 万戸以上にものぼり、地震の直後から火災が発生し、火は 2 日間燃え続けました。焼死者は 550 人で全体の 9 ％。この間、交通機関では高速道路や鉄道が大打撃を受け、また水道・電気・ガス・電話などの**ライフライン**も大打撃を受けます。被害総額は、合計約 10 兆円以上といわれていました。

　この大震災では、救援のために国内外から数多くの**ボランティア**（社会生活を営んでいくうえでの困難を助け、よりよい社会をつくっていくために、一人ひとりが自由な意思に基づいて活動をする人）がかけつけ、復興を助けました。その数は 8 か月間で 130 万人と推定されています。

　一方、この大震災では、災害に関する情報がうまく伝わらず、行政の対応が遅れて、被害をさらに大きくしました。このことから、災害時の被害を最小限にするために、正しい情報の入手と伝達、迅速な救援活動など、**危機管理体制**をうまく機能させる必要にせまられました。

　震災の混乱が続く中、1995 年 3 月 20 日、東京の地下鉄日比谷線・千代田線・丸ノ内線の車内で異常な臭気が発生し、乗客や乗員が次々と倒れるという事件がおこりました。被害は死者 13 人、負傷者約 6300 人、サリンによる無差別殺人事件でした。この事件を引きおこしたのは、オウム真理教という宗教団体でしたが、オウムの信者が、社会的に高学歴の弁護士や医師、科

学者を含んでいたことは大きな社会的衝撃をもたらしました。

5 小渕政権と森政権

　1996年10月の衆議院総選挙に勝利した橋本首相は、行政改革会議を組織し、自ら議長となって積極的な審議を行い、97年には省庁再編成の基本骨格を定めました。その勢いで同年9月、自民党総裁に再選されました。

　しかし、経済不況の深刻化によって橋本内閣に対する支持率は急速に低下し、11月には山一証券、北海道拓殖銀行が破綻するという事件がおき、橋本内閣の金融政策は後手後手に回って成果を上げることができませんでした。

　1998年、第18回参議院通常選挙が実施され、自民党は勝敗ラインを大きく下回り、橋本首相は責任をとり、辞職しました。橋本首相の後任には、小渕恵三が自民党総裁に選出され、橋本内閣の総辞職を受けて行われた首相指名選挙で、小渕恵三が首相に指名されました。小渕内閣は、2000年に開催される「**九州・沖縄サミット**」、介護保険の実施などを考慮に入れて、外務大臣・厚生大臣・防衛庁長官に経験者を起用するなど、実務能力を重視した人選を行いました。この間、小渕内閣は通常国会を延長し、「**情報公開法**」・「**中央省庁改革関連法**」・「**地方分権一括法**」など政治・行政を開かれたしくみにするための改革法と、強い国家につながる「**新しい日米防衛協力のための指針（ガイドライン）関連法**」・「**国旗・国歌法**」・「**通信傍受法**」・「**改正住民基本台帳法**」など、次々と重要法を成立させました。しかし、2000年4月、小渕首相は突然の病に倒れ、森喜朗が自民党新総裁に選出され、内閣総理大臣に指名されました。6月、衆議院を解散、第42回衆議院総選挙が実施され、選挙の結果、与党3党（自民党・公明党・保守党）は公示前の勢力を大幅に割り込んだものの、安定多数を確保したことから、連立政権は信任された形となりました。

　7月には「九州・沖縄サミット」を開催しました。森首相は新内閣の最重要課題として景気回復、行政改革、教育改革などを掲げ、行政改革担当相に橋本元首相を起用、宮沢蔵相の留任と合わせ、首相経験者が閣内に複数入りました。

　2001年1月6日、中央省庁は1府22省庁体制から**1府12省庁**体制に移行しました。中央省庁再編は「明治維新」・「戦

発展キーワード

財政赤字　日本の国は「真っ赤ッカ」

日本の長期債務残高総額は1000兆円を超えています。現在日本の歳入額が約100兆円ですから、約10年分の借金を背負っているという不健全さです。これを国民一人あたりに換算すると、なんと一人あたり830万円以上の借金を背負っている計算になります。まさに日本の国は赤字で真っ赤ッカ状態なのです。豊かで健全な社会を築くうえで、この巨額の財政赤字は将来にわたる大問題になっています。

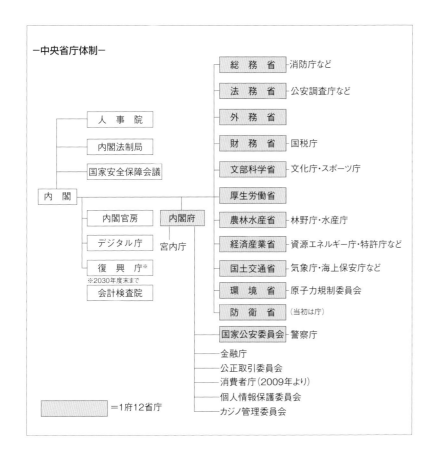

－中央省庁体制－

人　事　院
内閣法制局
国家安全保障会議
内　閣
内閣官房
デジタル庁
復　興　庁※
※2030年度末まで
会計検査院
内閣府
宮内庁

総　務　省——消防庁など
法　務　省——公安調査庁など
外　務　省
財　務　省——国税庁
文部科学省——文化庁・スポーツ庁
厚生労働省
農林水産省——林野庁・水産庁
経済産業省——資源エネルギー庁・特許庁など
国土交通省——気象庁・海上保安庁など
環　境　省——原子力規制委員会
防　衛　省——(当初は庁)
国家公安委員会——警察庁
金融庁
公正取引委員会
消費者庁(2009年より)
個人情報保護委員会
カジノ管理委員会

▨▨▨＝1府12省庁

後の改革」に次ぐ、「第3の改革」といわれます。単に中央省庁の数を減らすだけでなく、政策決定を官僚（役人）中心から政治家中心へ変えることを目指すものでした。

⑥ 小泉政権の発足

2001年4月、「神の国」発言や「えひめ丸」事故の処理の不手際によって森内閣の支持率が一桁台にまで落ち込んだことなどから、森首相は正式に退陣を表明。これを受けて、自民党の総裁選挙が行われ、**小泉 純一郎**が内閣総理大臣に指名されました。国会での指名後、小泉首相は直ちに組閣に入り、女性閣僚や若手、民間人も大幅に登用、自民党・公明党・保守党の3党連立与党を基盤とする内閣を発足させました（2003年、自民党・公明党となります）。

「改革断行」を合言葉に発足した小泉内閣は、長引く不況が続く日本経済を再生させるための **"構造改革"** を最優先課題としました。内閣支持率が過去最高を記録するなど国民から大きな期待を寄せられ、郵政事業の民営化や特殊法人の見直しなどを目指しました。

7　混迷を深める世界

　世界では冷戦終結が宣言され、米ソという大国どうしの緊張関係は終わりましたが、民族対立や地域紛争などが多発するようになりました。

　2001 年 9 月 11 日、アメリカ合衆国の国防総省とニューヨークの世界貿易センタービルに対して連続テロが行われました（**アメリカ同時多発テロ**）。ブッシュ大統領はこれを「新しい戦争」と位置付け、首謀者がいるとされる**アフガニスタンに攻撃**をしかけ、タリバーン政権を崩壊させました。[※]
※2021 年にアメリカ軍撤退後、タリバーンの政権が成立しました。

　2003 年には、「大量破壊兵器」を放棄しないとしてイラクに攻め込み、サダム・フセイン政権を崩壊させました（**イラク戦争**）。イラクではその後、暫定政府がつくられ新たな国づくりが進められていますが、テロもあいついでいます。

　また、2003 年には北朝鮮が核兵器の保有を宣言しました。アメリカは、韓国・日本・中国・ロシアを交えて「**6 か国協議**」を開き、問題の解決を試みましたが、国際社会は依然として緊張状態にあります。

　この他にも、地球的な規模の問題として、環境保全の問題をどうするか、貧富の差による南北問題、コンピュータの普及にともなう情報の安全に関する問題など、問題は山積しています。一方で、2004 年のスマトラ沖地震による津波や新潟県中越地震などの天変地異もあとを絶ちません。

▶ テロにより炎上する貿易センタービル（ニューヨーク）

⑧ 小泉政権から政権交代へ

〈1〉構造改革

　2001 年に発足した小泉内閣の「構造改革」に対しては自民党内からも反対の声があがりましたが、小泉首相は世論を味方につけ、改革を進めました。2005 年 8 月には、参議院で郵政民営化関連法案が否決されると、小泉首相は「郵政民営化」の是非を国民に問うとして衆議院を解散しました。9 月の衆議院総選挙で小泉首相は、郵政関連法案に反対した自民党議員を非公認とし、反対議員を落選させるために、その議員が属する選挙区に自民党公認候補を送り込むという手段をとりました（選挙で当選した新人議員は"小泉チルドレン"などと呼ばれました）。選挙の結果は自民党の圧勝で、自民党は 15 年ぶりに単独過半数を実現し、郵政民営化関連法案は、同年 10 月、衆議院・参議院で可決、成立しました。

　小泉内閣はまた、さまざまな分野で規制緩和を行い、民間企業の活動を活性化させました。この間、経済は好調となり、戦後 2 番目に長い好景気が続きましたが、反面では、日本社会に「勝ち組」と「負け組」とに分かれた格差社会をつくりだした、とする見方もあります。

　外国との関係では、イラク戦争を支持するなど、アメリカとの関係を強化しました。また、北朝鮮の金正日総書記と日朝首脳会談を行い、北朝鮮に日本人拉致を認めさせ、一部の拉致被害者を帰国させることに成功しました。その一方で、小泉氏は首相就任以降、毎年、靖国神社参拝を行ったため、中国や韓国などの近隣のアジア諸国はこれに強く反発し、デモなどが相次ぐこともありました。

　5 年半に及んだ小泉政権の後を受けて、2006 年 9 月に第 90 代 57 人目の内閣総理大臣の座についたのは、安倍晋三でした。安倍は岸信介を祖父に、佐藤栄作を大叔父に持つという政治一家の生まれです。

　安倍首相は「美しい国、日本」をスローガンに掲げ、自らの内閣を「美しい国づくり内閣」と名づけました。社会の格差拡大という指摘に対しては「再チャレンジ政策」を打ち出すとともに、「戦後レジーム（体制）」からの脱却を強調し、改正教育基本法の成立や防衛省の庁からの昇格を実現させました。

発展キーワード

歴代首相在職日数

　小泉首相の首相在職日数は 1980 日におよび、戦後の首相の中では、安倍晋三首相（3188 日）・佐藤栄作首相（2798 日）・吉田茂首相（2616 日）についで歴代 4 番目の長さでした。

発展キーワード

山口県出身の総理大臣

　安倍首相は、衆議院議員の総選挙では山口県から立候補しています。山口県（かつての長州）はこれまで、伊藤博文・山県有朋・桂太郎・寺内正毅・田中義一・岸信介・佐藤栄作など、数多くの総理大臣を輩出してきました。

発展キーワード

京都議定書から パリ協定へ

主要先進国に温室効果ガスの排出削減を義務づけた京都議定書は、2005年にようやく発効しました。しかし、最大の二酸化炭素排出国であるアメリカは議定書から離脱し、排出量の多い中国やインドは排出削減義務を負っていなかったため、2015年に結ばれたパリ協定では気候変動枠組条約に加盟する196か国全てが削減目標を設定することになりました。

発展キーワード

あいついだ地図 の書き換え

"構造改革"の一環として、国は全国の市町村合併を後押しする政策をとり、「平成の大合併」が進みました。その結果、全国に3000以上あった市町村は、2010年にはおよそ1700にまで減りました。

加えて、**日本国憲法改正**にも積極的な姿勢を示し、2007年には憲法改正の手続きを規定した**国民投票法**を成立させました。

しかし、2007年7月参議院議員選挙で与党の自民党は大敗し、参議院では野党の民主党（党首小沢一郎）が第一党となる「ねじれ国会」の状態となりました。そして、同年9月には安倍首相が突然辞意を表明し、それを受けて福田康夫が新たな首相となり内閣を発足させました。福田内閣のもと、新テロ特別措置法を成立させインド洋における補給活動を再開させました。また、福田首相は地球温暖化や食糧問題を議題とした北海道洞爺湖サミットで議長を務めました。しかし、「ねじれ国会」のもとで思うような国会運営が行われず、内閣支持率の低迷が続き、2008年9月に安倍首相に続いて任期途中で辞意を表明しました。

これを受けて生まれたのが麻生太郎内閣でした。麻生内閣が誕生した背景には発足後すぐに行われるであろう衆議院の解散・総選挙に臨むための布陣づくりという面がありました。しかし、リーマンショックをきっかけとする世界的な経済危機への対策が急務であるとして解散を先送りにし、経済を活性化する目的で定額給付金の支給などの政策を打ち出しました。世論では解散・総選挙をのぞむ声が高まっていきました。

〈2〉政権交代、そして…

そのような中、2009年7月に衆議院が解散、8月には衆議院総選挙がおこなわれ、鳩山由紀夫代表が率いる野党民主党が300をこえる議席を獲得し、自民党に圧勝しました。こうして、政権交代が実現し、9月に鳩山由紀夫内閣（社会民主党と国民新党との連立政権）が誕生しました。民主党はマニフェストで

▼ 1996年以降の内閣総理大臣（＊は故人）

総理大臣	在職時期	主なできごと
橋本龍太郎*	1996年1月〜1998年7月	自民党単独政権の復活・消費税率の引き上げ
小渕恵三*	1998年7月〜2000年4月	中央省庁改革関連法・地方分権一括法成立
森喜朗	2000年4月〜2001年4月	九州・沖縄サミット開催、中央省庁再編
小泉純一郎	2001年4月〜2006年9月	郵政民営化・道路公団民営化
安倍晋三*	2006年9月〜2007年9月	改正教育基本法成立・防衛省発足
福田康夫	2007年9月〜2008年9月	新テロ特別措置法、北海道洞爺湖サミット
麻生太郎	2008年9月〜2009年9月	リーマンショック、定額給付金
鳩山由紀夫	2009年9月〜2010年6月	政権交代
菅直人	2010年6月〜2011年9月	東日本大震災
野田佳彦	2011年9月〜2012年12月	復興庁発足、社会保障・税一体改革関連法案成立
安倍晋三*	2012年12月〜2020年9月	アベノミクス、天皇退位
菅義偉	2020年9月〜2021年10月	東京オリンピック・パラリンピック開催、デジタル庁発足
岸田文雄	2021年10月〜	子ども家庭庁発足

「官僚主導の政治の脱却」、「生活重視の政策」を掲げ、その中の「子ども手当」の支給、「高校授業料無償化」を 2010 年 3 月に実現させました。この二つの政策の背景には「少子化」の進行を阻(はば)もうという意図もあります。また、予算の無駄をはぶくためにさまざまな国の事業を見直す「事業仕分け」も行われました。

　さて、発足当時は高い内閣支持率をほこっていた鳩山内閣でしたが、首相自身と民主党幹事長小沢一郎の政治資金の問題、普天間基地問題（これをきっかけに社会民主党は連立政権を離脱）などで支持率は徐々に下がっていきました。鳩山首相は 2010 年 6 月、このままでは 7 月の参議院選挙を戦えないなどの判断から、首相を辞任しました（小沢一郎も幹事長を辞任）。鳩山首相の民主党代表辞任を受けて、新しい代表となったのは菅直人でした。そしてそれにともなって菅直人内閣が発足し、7 月の参議院選挙に向かいました。

　選挙の結果、連立与党の民主党と国民新党の議席数が過半数を割り、与野党逆転の「ねじれ」状態が再び生まれました。民主党がやぶれた背景には、選挙直前に菅首相が消費税率の引き上げに言及したこと、その説明が十分でなかったことが一つの大きな原因であったといわれています。しかし、高齢化が進み、社会保障費の増大が予想される中、膨大にふくれあがる財政赤字解消とも関わる消費税率の引き上げの問題は、今後の課題として残されました。

　菅内閣が「ねじれ」状態で厳しい国会運営を迫られている中、2011 年 3 月 11 日、東日本大震災がおこりました。国内観測史上最大のマグニチュード 9.0 という未曽有(みそう)の大地震であり、津波もあわせて、甚大(じんだい)な被害をおよぼしました。また、それにともなって福島第一原発ではアメリカのスリーマイル島事故や旧ソ連のチェルノブイリ事故と比べられる程の事故がおこりました。

⬆東日本大震災　宮古市を襲う津波

〈3〉民主党政権の終焉

　菅首相は内閣府に緊急災害対策本部を設置して震災への対応を行い、与野党も一時対立をやめて復興へ協力態勢をとりました。しかし、菅首相の主導のもとで様々な組織が設置されたにもかかわらず、それらの連携がとれていなかったことや、福島第一原発の炉心融解（メルトダウン）への対応の不備に加えて、4月に行われた統一地方選挙で民主党候補者が相次いで落選するなどの状況から、内閣不信任案が提出されました。いったんはこの不信任案は否決されましたが、与党の民主党内からも政権に対する批判が相次ぎ、2011年8月に内閣は総辞職しました。その後、特別国会で首相指名選挙が行われ、菅直人の後任の民主党代表であった野田佳彦が選出されました。

　野田内閣では、復興庁の発足とともに、社会保障・税一体改革関連法案の成立で2014年4月からの消費税増税が決定しました。さらに、衆議院議員定数削減法案の成立をめざして野党の自民党の協力を取り付ける代わりに衆議院を解散して、2012年12月に総選挙を行いました。この選挙の結果、与党であった民主党は議席数を約4分の1に減らし、現職の閣僚の半数近い8人が落選するなど惨敗を喫しました。対する野党の自民党は単独で過半数の議席を獲得し、公明党と合わせて議席の3分の2を占めるまでになりました。そして、それにともなって自民党総裁の安倍晋三が首相に指名されました。

　こうして政権は自民党と公明党の連立政権に戻り、3年3か月におよんだ民主党政権は幕を閉じました。

❾ 日本をとりまく国際情勢

〈1〉アメリカ第一主義

　国際情勢もめまぐるしく変動しています。

　2009年1月、アメリカ大統領にバラク・オバマが就任しました。オバマ大統領はチェコのプラハで「核なき世界」を目指す演説を行い、同年のノーベル平和賞を受賞しました。さらに、2015年7月にはアメリカとキューバの国交を回復させたり、2016年5月には現職のアメリカ大統領として初めて広島を訪問したりするなど、積極的な外交を行いました。

　2016 年 11 月、アメリカ大統領選挙で、「アメリカ第一主義」を掲げる共和党候補のドナルド・トランプが、民主党のヒラリー・クリントンを破って勝利し、2017 年 1 月に大統領に就任しました。

〈2〉緊張の続く朝鮮半島

　朝鮮半島では 2006 年に国際社会の制止を振り切って、北朝鮮（朝鮮民主主義人民共和国）が地下核実験を強行しました。こうした中、6 か国協議が何度も中断を繰り返しながら開催され、北朝鮮への説得を続けました。その結果 2007 年北朝鮮は **IAEA（国際原子力機関）** の査察を受け入れ、核関連施設の稼働を停止する立場を表明しました。しかし、2009 年北朝鮮は再び地下核実験を強行しました。これに対して、国際連合の安全保障理事会は、北朝鮮制裁決議を全会一致で採択しました。2010 年 5 月には韓国哨戒艦の沈没事件がおこりました。韓国側は北朝鮮の魚雷攻撃を受けたという調査報告を発表しましたが、これに対して北朝鮮側は「でっちあげ」であると反発しました。また、同年 11 月には北朝鮮が延坪島に砲撃し、それに対して韓国が砲撃するという事件がおこりました。

　朝鮮半島の緊迫が続く中、2011 年 12 月に北朝鮮の金正日総書記が急死し、息子の金正恩が指導者の地位につきました。北朝鮮はその後も弾道ミサイル発射や地下核実験の実施など、国際社会を脅かす行動をとったため、アメリカや日本との間で一時的に緊張状態が高まりました。

　そういった中で、2018 年 4 月、韓国と北朝鮮の軍事境界線に位置する板門店で、韓国の文在寅大統領と北朝鮮の金正恩委員長との間で南北首脳会談が開催され、朝鮮半島の緊張緩和と非核化が宣言されました。

　さらに同年 6 月にはシンガポールで米朝首脳会談が行われ、先に行われた南北首脳会談の結果に基づく北朝鮮の非核化などが再確認されましたが、朝鮮戦争の終結宣言は行われませんでした。

〈3〉中国の発展

　かつて社会主義のもとで計画経済を行っていた中国ですが、70 年代後半から、経済の改革・開放政策を打ち出して以来、経済的な発展を強め、近年では「世界の工場」と呼ばれるほど

にまでなりました。国内総生産（GDP）の成長率は2007年頃まではほぼ毎年10％を超え、2010年日本のGDPを抜き、世界第2位となりました。日本にとってもアメリカに代わり最大の貿易相手国となっています。2008年には北京オリンピック、2010年には上海万博を通じて、その発展ぶりを世界に示しました。しかし、この著しい経済発展とともに開発と環境保全の調和をどうするのかという課題があります。

⑩ 安倍政権

〈1〉 歴代最長の政権

　衆議院議員総選挙の結果、2012年12月に自由民主党と公明党の連立政権である第二次安倍内閣が誕生しましたが、参議院では過半数の議席を得ることができておらず「ねじれ」状態が続いていました。2013年7月、安倍内閣のもとで初めて行われた国政選挙である参議院議員通常選挙で、自民党が大幅に議席を伸ばし、公明党とあわせて参議院の議席の過半数を獲得しました。これによって「ねじれ」状態が解消され、安定した国会運営が図られるようになりました。

　2019年11月、安倍晋三首相は首相通算在職日数が2887日となり、これまで最長だった桂太郎を抜いて歴代最長となりました。また、安倍首相は2020年8月に首相連続在職日数が2799日となり、それまで最長だった佐藤栄作を抜いて歴代最長となりました。

〈2〉 アベノミクス

　安倍内閣による、経済活性化のための経済政策を「アベノミクス」と呼びます。「大胆な金融緩和」「機動的な財政政策」「民間投資を喚起する成長戦略」の"3本の矢"によって消費を増やして物価を上昇させデフレーション（デフレ）から脱却しようという政策です。

　その結果、為替相場は円高から円安に転じ、日経平均株価も2万円台になって景気回復傾向にありますが、国民の実感は乏しく、個人消費も増えていません。

　また、社会保障費の増加と財源確保のため野田政権時に成立した消費増税法によって、2014年4月に消費税の税率を8％に

1位	アメリカ
2位	中国
3位	日本
4位	ドイツ
5位	イギリス
6位	インド
7位	フランス
8位	イタリア
9位	カナダ
10位	韓国

▲世界のGDP（2020年）

引き上げましたが、その後の経済成長がマイナスとなったため、2015 年 10 月に予定されていた 10％の引き上げを 2 度にわたって先送りにしました。そして 2019 年 10 月、消費税が 8％から 10％に引き上げられましたが、生活に必要とされる食費や新聞代の一部にかかる消費税を 8％のままに据え置く「軽減税率」も導入されました。また、消費税増税による消費の落ち込みを防ぐために、経済産業省はキャッシュレス決済で支払いを行った場合に決済金額の一部がポイント還元される「キャッシュレス・ポイント還元事業」を期間限定で実施しました。

〈3〉集団的自衛権と憲法改正

「集団的自衛権」とは、国際法上において自分の国と密接な関係にある外国に対して行われる武力攻撃を、自分の国が直接攻撃されていないにもかかわらず、実力をもって攻撃を止めることができるとされる権利です。

安倍首相は、かねてから懸案としていた日本の安全保障体制について、自衛隊による「集団的自衛権」の行使は憲法違反ではないという閣議決定を 2014 年 7 月に行いました。そして 2015 年 5 月、安倍内閣は「平和安全法制整備法」と「国際平和支援法」の平和安全法制関連 2 法を国会に提出しました。衆議院の憲法審査会や両院の平和安全法制特別委員会では有識者による賛否両論の意見が出され、国会前では大学生などによる法制反対のデモが行われましたが、同年 7 月に衆議院で可決、9 月に参議院で可決して法案は成立しました。

〈4〉天皇退位

2016 年 8 月、宮内庁より「象徴としてのお務めについての天皇陛下のおことば」が発表されました。このメッセージで陛下は、高齢のために国事行為や象徴としての務めを果たしていくことが難しくなるという心配から、その務めを途切れさせることがないよう生前の譲位をお考えであることを表明されました。現行の皇室典範には天皇の退位に関する規定はなく、実際に天皇の位を皇太子に譲るとなると、皇室典範の改正か新たな特別法の制定が必要となります。これを受けて、内閣は有識者会議を設置し、話し合いの結果、特例法の制定を決定しました。

こうして 2017 年 6 月、「天皇の退位等に関する皇室典範特例法」が成立、退位後の天皇の称号を上皇に、敬称は陛下とする

こと、などが定められました。2019 年 4 月 30 日、平成の天皇陛下が退位されて上皇となり、皇太子徳仁親王が第 126 代の天皇に即位されました。退位による天皇の交代は江戸時代の光格天皇以来 202 年ぶり、新元号の「令和」は元号では初めて日本の古典（『万葉集』）から引用されました。

11 令和新時代

〈1〉 新型コロナウイルス

2019 年 12 月に中国の武漢で初めて検出された**新型コロナウイルス**（COVID-19）は、瞬く間に全世界に広がりました。政府は、新型コロナウイルスの海外からの流入を防ぐために海外からの入国を制限し、2020 年 3 月から学校の休校や人の集まるイベントの自粛などを要請しました。しかし、東京などの都市部を中心に感染の拡大が止まらず、医療崩壊の危機を迎えたため、安倍晋三内閣は 4 月に東京都・埼玉県・神奈川県・千葉県・大阪府・兵庫県・福岡県の 7 都府県に**緊急事態宣言**を出し、その後対象を全国に拡大しました。

緊急事態宣言に基づいて、都道府県をまたぐ移動や不要不急の外出などの自粛が各都道府県知事より要請された結果、感染者数が減少したため 5 月には宣言が解除されましたが、再度感染が拡大したため、2021 年 1 月に 2 回目の緊急事態宣言が出されました。その後、2021 年には従来のウイルスよりも感染力の強いデルタ株などの変異株が国内に流入したり、2022 年にはさらに感染力の強いオミクロン株が流行したために感染者数が大幅に増加しましたが、経済活動を重視する観点から 2021 年 9 月の解除を最後に緊急事態宣言は出されていません。

〈2〉 新しい生活様式

緊急事態宣言の発令後、政府は「新しい生活様式」を提言しました。その内容は、「マスクの着用」「石鹸での手洗い」「人との距離を 2 m 空ける（ソーシャル・ディスタンス）」「密集・密接・密閉の『3 密』を避ける」などといった日常生活における感染対策を呼び掛けるものでした。また政府は、人の移動を 8 割減らすことで感染を抑えることができるとして、できるだけ自宅で仕事をする「テレワーク（リモートワーク）」や出勤

マスクを着用して通勤・通学する人たち

で混雑する時間帯を避ける時差出勤を積極的に行うように求めました。

〈3〉パンデミック（世界的大流行）

　新型コロナウイルスは世界各地に拡大し、ヨーロッパや南北アメリカで猛威を振るいました。世界保健機関（WHO）が2020年1月に「緊急事態」を、3月に「パンデミック（世界的大流行）」を宣言したことで、各国は入国制限や都市封鎖（ロックダウン）、人びとの移動や外出、経済活動の制限まで行いましたが、感染の拡大は防ぎきれませんでした。そこで、世界各国で感染防止のためのワクチン開発がすすめられ、日本では2021年2月からワクチンの接種が始まりました。

　新型コロナウイルスの感染拡大は世界経済にも大きな影響を与えました。人や物の移動が大幅に制限されたことで経済活動が停滞し、世界各国で国内総生産（GDP）が大きく下落しました。日本でも観光業や運輸業をはじめとして多くの産業で業績が悪化し、緊急事態宣言が出されると店舗の営業が制限されたことで個人消費も落ち込んでいきました。その反面、自宅で過ごす時間が多くなったことから家電製品の中には売れ行きがよかったものもありました（巣ごもり需要）。

　また、新型コロナウイルスはスポーツの世界にも波及し、野球やサッカーなどの試合も中止されましたが、最も大きな影響をあたえたのは2020年に開催予定だった夏期オリンピック東京大会だと言えます。2020年3月、安倍首相と国際オリンピック委員会（IOC）のバッハ会長との間で、オリンピック東

🔻無観客で開催された「東京2020オリンピック」の開会式

京大会の1年延期が決定されました。2021年7月、感染防止のため海外からの観客受け入れをせず、一部の会場を除いて無観客で「東京2020オリンピック」が開催されました。

〈4〉国内政治のゆくえ

　2020 年 8 月、体調不良を理由に自民党総裁の安倍晋三首相が辞任を表明しました。首相としての連続在籍日数が佐藤栄作元首相を抜いて歴代最長となった直後のことでした。9 月に自民党の総裁選挙が行われて菅義偉が新総裁に選ばれ、その後の臨時国会で内閣総理大臣に指名されて菅内閣が発足しました。菅内閣のもとで東京オリンピックの開催やデジタル庁の新設などが行われましたが、新型コロナウイルス対応に追われ感染拡大とともに内閣支持率が低下していったため、2021 年 9 月、菅首相は自民党総裁の任期満了に伴う総裁選挙への不出馬を表明しました。10 月、新たに自民党総裁となった岸田文雄が菅内閣の後を継いで内閣総理大臣に就任し、第一次岸田内閣が成立しました。

　第一次岸田内閣成立後、すぐに衆議院議員総選挙が行われました。この選挙は衆議院議員の任期満了の期日後に行われた日本国憲法下での初めての選挙でした。選挙結果は連立与党である自民党と公明党が合計で過半数を超え、結党後初めての国政選挙となった立憲民主党と国民民主党は議席数を減らし、日本維新の会は大幅に議席を伸ばして野党第 2 党に躍進しました。総選挙後、再び岸田文雄が首相に選ばれ、第二次岸田内閣が発足しました。第一次岸田内閣は組閣から総辞職まで 38 日間しかなく、憲政史上最短の内閣でした。

　2022 年 6 月、参議院議員通常選挙の 7 月実施が公示されて各地で選挙運動が行われる中、7 月に選挙運動のため奈良で街頭演説を行っていた安倍晋三元首相が銃撃されて死亡するという事件が起こり、世間を震撼させました。

　参議院議員通常選挙では、自民党が単独での改選過半数を超え、公明党と合わせて与党の勝利となりました。この結果、日本国憲法の改正を前向きに考える「改憲勢力」の議席数が、衆議院と参議院の両方で憲法改正の発議が行える 3 分の 2 を超えることとなり、憲法改正に向けた議論が活発になることが予想されます。

〈5〉対立する世界

　新型コロナウイルスが世界中で猛威を振るうなか、世界情勢も目まぐるしく動いていました。2020 年 1 月 31 日にイギリ

スはヨーロッパ連合（EU）から正式に離脱し、経済的な影響が出るのではないかと思われていましたが、ちょうど新型コロナウイルスの感染拡大期にあたって世界経済が停滞していたため、大きな問題になりませんでした。感染対策も行われてくるなかで、EU離脱に伴う物流や労働者・資金の移動でマイナスの影響が少しずつ露わになってきています。アメリカでは、2020年5月に白人の警官が黒人男性を逮捕する際に窒息死させる事件が起こり、人種差別に反対する抗議デモが全土に広がりました。その後、デモの参加者の一部が過激化して暴動が発生するなどしましたが、黒人への差別に反対する「Black Lives Matter（ブラック　ライヴズ　マター、BLM）運動」は全世界に拡散しました。

　また、アメリカでは2020年11月に大統領選挙が行われ、再選を目指した共和党のトランプ大統領を破って民主党のバイデン候補が当選しました。2021年1月に就任したバイデン大統領は、「アメリカ第一主義」を改めて、前政権時に離脱していた地球温暖化防止のためのパリ協定に復帰し、世界保健機関（WHO）からの脱退を取りやめました。また、2021年8月にはアフガニスタンに駐留していたアメリカ軍を完全撤退させ、その結果、アフガニスタンでは再びタリバン政権が成立しました。

　中国は、習近平国家主席のもとで覇権主義的な動きを強めていきました。「一国二制度」のもとで高度な自治を認められていた香港に対して、2020年6月に香港での反体制運動を取り締まる香港国家安全維持法を成立させたため、香港では民主派による大規模なデモが発生しましたが、多くの人々の逮捕と中国に批判的な新聞社の閉鎖などで対抗しました。他にも、台湾に対する軍事的圧力や、中国船による尖閣諸島周辺への領海侵入、ウイグル族への弾圧などといった周辺各国との緊張を高める動きを見せています。こういった状況から、中国と欧米諸国の対立は深まってきています。

　2022年2月、ロシアが**ウクライナに侵攻**しました。ウクライナで親ロシア政権が倒れて親欧米政権が誕生した2014年、ロシアが対抗措置としてクリミア半島をロシア領に併合しました。その後、ウクライナが北大西洋条約機構（NATO）への参加を希望したため、ロシアが2021年末ごろからウクライナの国境近くに軍を駐留させてNATO諸国に加盟を承認しない

🔺ロシア軍の爆撃を受けたウクライナの都市

よう圧力をかけましたが、NATO諸国が応じなかったことで、ロシア軍がウクライナに侵攻しました。この侵攻に対して、国連は安全保障理事会を開いてロシアにウクライナからの即時撤退を求める決議案を採決しましたが、常任理事国であるロシアの拒否権発動によって採択されませんでした。これを受けて安全保障理事会は国連緊急特別総会を招集し、ロシアに対する非難決議を賛成多数で採択しましたが、ロシアは軍事作戦を止めることはありませんでした。

　ロシアに対して、日本や欧米諸国は金融制裁や物資の輸出入を禁止する経済制裁を行っており、それにともなってエネルギー資源や小麦などの国際価格が高騰した結果、各国で物価の上昇がみられました。

　2023年3月現在、ウクライナの抵抗によりロシア軍の占領地域は侵攻当初よりも少なくなりましたが、依然として戦闘状態が続いています。

章	世紀	時代	西暦	できごと
第1章	紀元前	旧石器時代	1万年以上前	❶〔　　　〕をつけたやりなどを使い、ナウマンゾウやオオツノジカなどをつかまえる
		縄文時代	1万年前	❷〔　　　〕が大陸からはなれ、今の形になる 磨製石器や❸〔　　　〕などを使って、狩り・漁を行い、縄文土器をつくる
		ア〔　　　〕時代	前4～3世紀	大陸から❹〔　　　〕が伝わり、農耕生活が始まる 大陸から❺〔　　　〕や鉄器などの金属器が伝わり、弥生土器もつくられる
	1		57	倭の奴国の王が中国の後漢に使いをおくり、中国の皇帝から❻〔　　　〕をさずけられる
	2			
	3			❼〔　〕❽〔　　　〕の女王卑弥呼が中国の魏に使いをおくる
	4	古墳時代		❾〔　　　〕が国土を統一する 大和国家は朝鮮半島に進出し、百済と結んで❿〔　　　〕や新羅と戦う
	5			わが国最大の⓫〔　　　〕である大仙陵古墳がつくられる

章			西暦	できごと
第1章	5			ヤマト王権の5人の大王は、朝鮮半島南部を支配する地位をみとめてもらうために、⓬〔　　　〕にたびたび使いをおくる
				朝鮮・中国からわたってきた⓭〔　　　〕によって、漢字や進んだ技術などの大陸文化が伝わる
				⓮〔　〕百済から⓯〔　　　〕が伝わる
	6		587	⓰〔　　　〕氏が物部氏を滅ぼす
			589	⓱〔　　　〕が中国を統一する
			593	⓲〔　　　〕が推古天皇の摂政となり、難波（大阪）に四天王寺を建てる
		イ〔　　　〕時代	603	⓲が⓳〔　　　〕を定める
				⓴〔　　　〕⓲が㉑〔　　　〕を示し、役人たちの心構えを示す
			607	㉒〔　　　〕らを遣隋使として隋におくる ⓲が㉓〔　　　〕を建てる
				㉔〔　〕隋が滅んで㉕〔　　　〕が中国を統一し、都の長安では国際色の豊かな文化が生み出される
	7		630	第1回の㉖〔　　　〕を唐におくる
				㉗〔　〕㉘〔　　　〕は、中臣鎌足らとともに蘇我氏を滅ぼし、政治の改革を行う→㉙〔　　　〕という
			673	天皇の位をめぐっておこった壬申の乱に勝って即位した天武天皇が、改新の政治をさらにおし進める

章	世紀	時代	西暦	できごと
第1章		イ〔　　〕時代	701	唐の制度にならって❶〔　　　　〕という法律がまとめられ、天皇中心の政治のしくみが完成する
			708	❷〔　　　　　〕が唐のお金をまねて発行される
			❸〔　〕	都を奈良の❹〔　　　　　〕に移す
			712	歴史書の『❺〔　　　　〕』ができる
			713	わが国で最も古い地理書の『❻〔　　〕』がつくられる
	8		720	歴史書の『❼〔　　　　〕』ができる
			723	開墾をすすめた❽〔　　　〕が出される
			735	天然痘が流行し、多くの人々が病死する
			741	❾〔　　　　〕が国分寺建立を命じる
第2章		ウ〔　　〕時代	❿〔　〕	墾田永年私財法を出し、開墾地の永久の私有を認める⓫〔　　　　　〕のきまりがくずれ始める 聖武天皇が奈良の⓬〔　　　　　〕づくりを命じる
			752	大仏の完成式が行われる
				このころ、⓭〔　　　　　〕文化を代表する東大寺正倉院の宝庫がつくられる
			8世紀の終わり	天皇から農民までの和歌をおさめた⓮〔　　　　　〕ができる
			784	平城京から⓯〔　〕に都が移される
			⓰〔　〕	⓱〔　　　〕が平安京に都を移す

章	世紀	時代	西暦	できごと
			801	⓲〔　　　　〕が蝦夷を平定する
	9		9世紀のはじめ	唐から帰国した最澄が⓳〔　　　〕、⓴〔　　　　〕が真言宗という新仏教を伝える
			9世紀の中ごろ	藤原氏による㉑〔　　〕政治が始まる
			㉒〔　〕	菅原道真の意見を取り入れて、㉓〔　　　　〕をやめる
	10		907	中国の唐が滅びる
			935	㉔〔　　　　〕が関東で乱をおこす
			939	藤原純友が瀬戸内海で乱をおこす
第3章		エ〔　　〕時代	11世紀	紫式部が『㉕〔　　　〕』を書く
			1016	㉖〔　　　　〕が摂政となる
	11		1051	東北地方で前九年合戦（前九年の役）がおこる
			1083	東北地方で後三年合戦（後三年の役）がおこる
			1086	白河天皇が位をゆずって上皇となり、㉗〔　　　〕を行う
	12		1156	天皇と上皇の争いや藤原氏のうちわもめから㉘〔　　　〕がおこり、天皇方が勝利を得る
			㉙〔　〕	㉚〔　　　　〕と源義朝が対立して平治の乱がおこったが、㉚が勝ち、藤原氏にかわって政治を行う
			1167	㉚が武士としてはじめて㉛〔　　　〕となる

章	世紀	時代	西暦	できごと
第3章	12	エ〔 　 〕時代	1180	❶〔 　 〕が伊豆（静岡県）で、❷〔 　 〕が信濃（長野県）で平氏打倒の兵をあげる
			1184	❸〔 　 〕らが一ノ谷（神戸市）の戦いで平氏をやぶる
			1185	❹〔 　 〕（山口県）の戦いで平氏が滅びる ❶が各地に守護や❺〔 　 〕をおく
第4章	13	オ〔 　 〕時代	❻〔 　 〕	❶が❼〔 　 〕に任じられる
			1219	源氏が3代で滅亡し、北条氏の❽〔 　 〕政治が始まる
			1221	鎌倉幕府方と朝廷方との間に❾〔 　 〕といわれる戦いがおこる
			1232	❿〔 　 〕が御成敗式目（貞永式目）をつくる
			1271	フビライが国号を、⓫〔 　 〕と定める
			1274	⓫の大軍が北九州におし寄せる（⓬〔 　 〕） ┐元寇
			1281	⓫の大軍が北九州に再び襲来する（弘安の役） ┘
			1297	御家人の苦しい生活を救うため、鎌倉幕府が⓭〔 　 〕を出し、借金の帳消しを命じる
			⓮〔 　 〕	⓯〔 　 〕が鎌倉をせめおとし、鎌倉幕府が滅びる
第5章	14	南北朝時代	1334	後醍醐天皇が⓰〔 　 〕を始める
			1336	後醍醐天皇が⓱〔 　 〕に移り、南北朝の対立が始まる
			⓲〔 　 〕	⓳〔 　 〕が征夷大将軍となり、京都に幕府を開く

章	世紀	時代	西暦	できごと
第5章	14	室町時代	14世紀の中頃	⓴〔 　 〕が朝鮮や中国沿岸を荒しまわる
			1368	中国で⓫が滅び、㉑〔 　 〕がおこる
			1378	㉒〔 　 〕が室町の「花の御所」に幕府を移す
			㉓〔 　 〕	㉒が㉔〔 　 〕を合一させる
			1397	㉒が㉕〔 　 〕を建てる→北山文化
			1404	㉒が貿易の利益に目をつけ、明との㉖〔 　 〕貿易を始める（〜1547）
	15		1428	徳政を要求した正長の㉗〔 　 〕がおこる
			1439	上杉氏が足利学校（栃木県）を再興し、儒学を教える
			㉘〔 　 〕	東軍と西軍に分かれて㉙〔 　 〕がおこる
			1485	山城の㉚〔 　 〕がおこり、自治が行われる（〜93）
			1488	㉛〔 　 〕の一向一揆がおこり、自治を行う（〜1580）
			1489	㉜〔 　 〕が銀閣を建てる→東山文化
第6章	16	戦国時代	1543	㉝〔 　 〕が種子島に流れつき、鉄砲を伝える
			1549	イエズス会の宣教師㉞〔 　 〕が鹿児島に上陸し、キリスト教を伝える
			㉟〔 　 〕	㊱〔 　 〕が桶狭間の戦いで今川義元を破る
			1571	㊱が㊲〔 　 〕をせめ、建物を焼き払う
			1573	㊳〔 　 〕が滅亡する

章	世紀	時代	西暦	できごと
第6章	16	カ〔 　　〕時代	1575	織田信長が長篠の戦いで❶〔　　　〕氏の騎馬隊を破る
			1576	織田信長が❷〔　　　〕を築き、統一の根拠とする
			❸〔　　〕	九州のキリシタン大名がローマ法王に少年使節をおくる 京都の❹〔　　　〕で、明智光秀が織田信長を戦死させる 豊臣秀吉が❺〔　　　〕の命令をくだす
			1583	豊臣秀吉が❻〔　　　〕を築く
			1585	豊臣秀吉が関白に任じられる
			1587	豊臣秀吉が❼〔　　　〕を禁止する
			1588	豊臣秀吉が❽〔　　　〕の命令を出す
			❾〔　〕	豊臣秀吉が小田原の❿〔　　〕氏を滅ぼし、天下統一がなしとげられる
			1592	豊臣秀吉が朝鮮に大軍を送る⓫〔　　　〕（〜93）
			1597	豊臣秀吉が再び朝鮮に出兵する慶長の役（〜98）
			1600	「天下分け目」といわれた⓬〔　　　〕がおこる
第7章	17	キ〔 　　〕時代	⓭〔　〕	⓮〔　　　〕が征夷大将軍になり、江戸に幕府を開く このころ、東南アジアに⓯〔　　　〕が栄える
			1614	徳川家康が大阪城をせめる（⓰〔　　　〕）
			1615	徳川家康がふたたび大阪城をせめ、⓱〔　　　〕氏を滅ぼす（大阪夏の陣） 大名を取りしまるために⓲〔　　　〕を定め、朝廷に対して⓳〔　　　　〕を定める
			1624	スペイン船が来航するのを禁止する
第7章	17	キ〔 　　〕時代	1635	日本人が海外に行くことも、海外にいる日本人が帰国することも禁止する 大名を1年おきに領地と江戸に住まわせる⓴〔　　　〕の制が確立する
			1636	徳川家康をまつる日光東照宮が完成する
			1637	九州で、キリスト教の信者の約4万の農民が、天草四郎をかしらにして㉑〔　　　〕とよばれる一揆をおこす（〜38）
			㉒〔　〕	㉓〔　　　〕船が来航するのを禁止する
			1641	平戸（長崎県）のオランダ商館を長崎の㉔〔　　　〕に移す→㉕〔　　　〕の完成
			1649	農民の生活のきまりとして、㉖〔　　　〕を出す
	18		1685	5代将軍㉗〔　　　〕が生類あわれみの令を出す
第8章			1715	新井白石が㉘〔　　　〕を出して貿易額を制限する
			㉙〔　〕	8代将軍㉚〔　　　〕が享保の改革を始める（〜45）
			1721	幕府が投書箱として㉛〔　　　〕を設ける
			1732	享保の大ききんがおこる
			1742	幕府が㉜〔　　　〕という法律を定め、裁判の基準とする
			1772	㉝〔　　　〕が老中となり、幕府の政治にあたる

章	世紀	時代	西暦	できごと
	18		1774	杉田玄白らが『❶〔　　　〕』を出版する
			1782	天明の大ききんがおこる（〜87）
			1786	❷〔　　　〕が『海国兵談』を書いて海防の必要性を説く
			1787	老中❸〔　　　〕が寛政の改革を始める（〜93）
			1792	『海国兵談』を著した❷が幕府に罰せられる
				ロシアの使節❹〔　　　〕が根室に来て通商を求める（＝9章）
			1798	本居宣長が『❺〔　　　〕』を完成させる
第8章		キ〔　　　〕時代	1808	❻〔　　　〕が樺太（サハリン）の探険を始める（＝9章）
			❼〔　〕	幕府が異国船❽〔　　　　　　〕の命令を出す（＝9章）
	19		1833	天保の大ききんがおこる（〜39）
			1837	❾〔　　　〕が大阪で反乱をおこす
				浦賀に来たアメリカの商船モリソン号を打ち払う（＝9章）
			1839	高野長英・❿〔　　　〕らが幕府の鎖国政策を批判し、罰せられる（蛮社の獄）（＝9章）
			1841	老中水野忠邦が⓫〔　　　〕の改革を始める（〜43）
第9章			⓬〔　〕	アメリカ合衆国の使節⓭〔　　　〕が浦賀に来て、開国を求める
			1854	幕府が日米⓮〔　　　〕条約を結ぶ
			1858	幕府が日米⓯〔　　　〕条約を結ぶ

	1859	幕府が長州藩の⓰〔　　　〕らを処刑する（安政の大獄）
	1860	⓱〔　　　〕が桜田門外で殺される
	1864	幕府が⓲〔　　　〕藩を攻める
第9章 / キ〔　　　〕時代		外国の艦隊が連合して⓲藩を攻め、下関を占領する
	1866	幕府を倒すための⓳〔　　　〕が結ばれる
	1867	将軍⓴〔　　　〕が政権を天皇に返す→武家政治が終わる
		朝廷が天皇の政治にもどす㉑〔　　　〕という宣言を出す
19 / 第10章 / ク〔　　　〕時代	1868	㉒〔　　　〕戦争が始まる
		新政府は㉓〔　　　〕を出して政府の基本方針を示し、国民には守るべきことを5つの立て札に書く
		㉔〔　　　〕を東京と改める→翌年、東京に都を移す
	㉕〔　〕	諸大名の領地と領民を天皇に返させる㉖〔
		東京・横浜間に電信が開通する
	1871	郵便制度を始める→翌年から全国に広まる
		㉗〔　　　〕を行い、全国を1使3府302県とする
		岩倉具視・大久保利通らが欧米各国訪問へ出発する（＝12章）
		日清修好条規を結ぶ（＝12章）
	1872	㉘〔　　　〕を廃止し、皇族・華族・士族・平民とする
		㉙〔　　　〕が『学問のす、（す）め』を著す（＝11章）
		㉚〔　　　〕を定め、小学校教育を全国に広める（＝11章）
		東京（新橋）・横浜の間に㉛〔　　　〕が開業する
		太陰暦をやめて㉜〔　　　〕を取り入れる
		ガス灯がつく（横浜）

章	世紀	時代	西暦	できごと
第10章	19	ク〔　　〕時代		❶〔　　〕士族だけでつくられていた軍隊を廃止し、山県有朋を中心として近代的な陸海軍をつくるために❷〔　　〕を出す ❸〔　　〕改正を行い、国の収入を安定させる
			1874	❹〔　　〕らが"議会を開いて、国民の意見を聞くべきだ"という意見を発表する→国会開設を求める❺〔　　〕運動が始まる
			1875	東京銀座にれんが街が完成する 樺太・千島交換条約を結ぶ（＝12章）
			1876	朝鮮に対して不平等な条約を結ばせる（❻〔　　〕）（＝12章）
				❼〔　〕政府に不満を持つ鹿児島の士族らが、西郷隆盛を立てて❽〔　　〕をおこす
第11章			1880	全国から集まった自由民権運動の代表が、国会開設の意見書を政府に出す
			1881	政府が1890年に国会を開く約束をする 板垣退助が❾〔　　〕党をつくる
			1882	❿〔　　〕が立憲改進党をつくる ❿が東京専門学校（1902年に早稲田大学となる）をつくる（＝12章）
			1885	ヨーロッパの国々にならい、⓫〔　　〕制度をつくる ⓬〔　　〕が『小説神髄』を著す（＝12章）
			1886	学校令が出され、小学校の義務教育期間が4年間となる（＝12章） ノルマントン号事件がおきる（＝12章）
			1887	二葉亭四迷が『⓭〔　　〕』を著す（＝12章）

章	世紀	時代	西暦	できごと
第11章	19	ク〔　　〕時代		⓮〔　〕明治天皇が⓯〔　　〕を発布する
			1890	第1回⓰〔　　〕議員の総選挙が行われる 第1回⓱〔　　〕が開かれる 教育勅語が発布され、教育の基本方針が示される
			1891	⓲〔　　〕が足尾鉱毒問題を議会に訴える
				⓳〔　〕治外法権が廃止される ⓴〔　　〕戦争が始まる ㉑〔　　〕がペスト菌を発見する
			1895	清と㉒〔　　〕条約が結ばれる ロシアなどが㉓〔　　〕を行う
第12章			1897	㉔〔　　〕が動力織機を発明する 志賀潔が㉕〔　　〕を発見する
			1901	官営の㉖〔　　〕が操業を開始する
	20		1902	イギリスと㉗〔　　〕を結び、ロシアに対抗する
				㉘〔　〕㉙〔　　〕戦争が始まる
			1905	アメリカ合衆国のなかだちにより、ロシアと㉚〔　　〕条約が結ばれる
			1910	韓国を日本に併合する
			1911	関税自主権を回復する
第13章		ケ〔　　〕時代		㉛〔　〕㉜〔　　〕が始まり、日本も参戦する（〜18）
			1917	㉝〔　　〕で革命がおこる

章	世紀	時代	西暦	できごと
第13章	20	ケ〔　　　〕時代	1918	富山県で❶〔　　　〕がおこり、全国に広がる ❷〔　　　〕が初めて本格的な政党内閣をつくる
			1919	労働運動や普通選挙運動がさかんになる ❸〔　　　〕との講和条約であるベルサイユ条約が調印される
			1920	❹〔　　　〕に加わり、イギリス・フランス・イタリアとともに常任理事国となる
			1921	イギリスと結んでいた日英同盟の廃棄（1923年に正式に失効）
			1922	長く差別に苦しんできた人々が❺〔　　　〕という団体をつくり、自分たちの手で差別をなくす運動を始める
			1923	関東地方に❻〔　　　〕がおこって大きな被害を受け、混乱の中で多くの朝鮮の人々や社会運動を進めていた人々が殺される事件がおこる
			❼〔　〕	政府が社会運動の高まりをおさえるため、❽〔　　　〕法を定める ❾〔　　　〕法が定められる、25歳以上の男子が選挙権を持つ ラジオ放送が始まる
第14章		コ〔　　　〕時代	1929	アメリカ合衆国で始まった不景気が世界中に広まる
			1931	❿〔　　　〕がおこる→15年戦争の始まり
			1932	五・一五事件がおこり、政党政治が終わる
			⓫〔　〕	国際連盟を脱退する
			1936	二・二六事件がおこる
			⓬〔　〕	⓭〔　　　〕戦争が始まる
			1939	ヨーロッパで⓮〔　　　〕が始まる

章	世紀	時代	西暦	できごと
第14章	20	コ〔　　　〕時代	1940	⓯〔　　　〕三国（軍事）同盟を結ぶ
			⓰〔　　　〕	日本の海軍が⓱〔　　　〕の真珠湾にあるアメリカ軍の基地を奇襲攻撃し、ほぼ同時に陸軍もマレー半島にいたイギリス軍を攻撃し、アジア・太平洋戦争が始まる
			1943	⓲〔　　　〕が降伏する 大学生も勉強の途中で戦場に出る →⓳〔　　　〕
			1944	大都市の小学生の⓴〔　　　〕が始まる
			1945	アメリカ軍が㉑〔　　　〕に上陸する ㉒〔　　　〕が首都ベルリンを占領され降伏する 広島と長崎に㉓〔　　　〕が投下される ㉔〔　　　〕宣言を受諾し、日本が降伏する GHQにより五大改革指令が出される 世界平和を守るための㉕〔　　　〕が発足する
第15章			1946	㉖〔　　　〕を公布する
			1947	小中学校9か年を義務教育とする㉗〔　　　〕制の教育が始まる
			1950	㉘〔　　　〕戦争が始まる（～53）
			㉙〔　〕	㉚〔　　　〕平和条約を結ぶ ㉛〔　　　〕条約を結ぶ
			1953	テレビ放送が始まる
			㉜〔　〕	㉝〔　　　〕を発表し、ソ連と国交を回復する 国連総会で日本の国際連合への加盟が認められる
第16章			㉞〔　〕	新日米安全保障条約調印
			1961	農業基本法公布

章	世紀	時代	西暦	できごと
第16章	20	コ〔　〕時代	1963	部分的核実験停止条約調印
			1964	東海道新幹線開業
				❶〔　　　〕大会
				❷〔　　　〕内閣成立
			1965	大韓民国と❸〔　　　〕条約調印
			1967	公害対策基本法公布
			❹〔　〕	小笠原諸島返還
				核兵器拡散防止条約調印
			1970	❺〔　　　〕条約自動延長
				米の生産調整（減反政策）
				大阪府吹田市で❻〔　　　〕開催
			1971	環境庁発足
			1972	❼〔　　　〕返還
				国連人間環境会議開催
				中華人民共和国と❽〔　　　〕調印
			1973	第一次❾〔　　　〕発生
			1975	第1回主要先進国首脳会議（サミット）開催
			1976	ロッキード事件
			1978	中華人民共和国と❿〔　　　〕条約調印
				新東京国際空港（成田空港）開港
			⓫〔　〕	第二次❾発生

章	世紀	時代	西暦	できごと
第16章		コ〔　〕時代	1980	イラン・イラク戦争
			⓬〔　〕	参議院初の比例代表選挙実施
			1987	国鉄分割民営化による⓭〔　　　〕7社発足
			1989	昭和天皇没
				明仁親王即位、⓮〔　　　〕と改元
				⓯〔　　　〕導入
	20	サ〔　〕時代	⓰〔　〕	東西ドイツ統一
第17章			1991	湾岸戦争
				ソ連邦解体
			1992	⓱〔　　　〕法→カンボジアへ自衛隊派遣
			⓲〔　〕	細川護熙内閣成立→55年体制崩壊
				ヨーロッパ連合（EU）発足
			1994	"自・社・さ"の連立政権
			1995	⓳〔　　　〕大震災発生
				地下鉄サリン事件
			⓴〔　〕	小選挙区比例代表並立制総選挙実施
			1997	東海村の動燃再処理工場で事故
				⓯の税率が5％に
				地球温暖化防止京都会議開催
			㉑〔　〕	新ガイドライン関連法成立
				国旗・国歌法、通信傍受法成立
	21		2001	中央省庁、㉒〔　　　〕体制に移行
				㉓〔　　　〕内閣成立

章	世紀	時代	西暦	できごと
第17章	21	サ〔　〕時代	2002	住基ネット導入
				❶初の〔　　　　〕会談が実現 日朝平壌宣言調印
			2003	❷〔　　　　〕人道復興支援特別措置法成立
			2004	❸〔　　　　〕法成立→❸裁判の実施（2009）
				年金改革関連法成立
			2005	❹〔　　　　〕法成立→日本郵政グループの誕生（2007）
				「京都議定書」発効
			2007	❺〔　　　　〕省が発足
			2008	リーマンショック
			2009	❻〔　　　　〕内閣成立（民主党、社会民主党、国民新党の連立政権）
			2011	❼〔　　　　〕大震災発生
				❽〔　　　　〕原発で被害発生
			2012	❾〔　　　　〕庁が発足
				衆議院議員総選挙で自民党が圧勝 →❿〔　　　　〕内閣成立
			2015	アメリカと⓫〔　　　　〕の国交が54年ぶりに正常化
				安全保障関連法が成立
			2016	⓬〔　　　　〕で国民投票が実施されEU離脱が決定
			2017	⓭〔　　　　〕が第45代アメリカ大統領に就任
				天皇退位特例法が成立
			2018	初の⓮〔　　　　〕首脳会談がシンガポールで開催
			2019	徳仁親王即位、⓯〔　　　　〕と改元
				⓰〔　　　　〕が8％から10％に引き上げ
第17章	21	シ〔　〕時代	2020	イギリスが⓱〔　　　　〕を離脱
				⓲〔　　　　〕感染拡大により7都府県に緊急事態宣言
			2021	⓳〔　　　　〕がアメリカ大統領に就任
				⓴〔　　　　〕・パラリンピックが開催
			2022	㉑〔　　　　〕で冬季オリンピックが開催
				ロシアが㉒〔　　　　〕に侵攻
				㉓〔　　　　〕が武雄温泉ー長崎間に開業

年表でまとめようの模範解答

時代
ア 弥生　　イ 飛鳥　　ウ 奈良　　エ 平安　　オ 鎌倉
カ 安土・桃山　　キ 江戸　　ク 明治　　ケ 大正
コ 昭和　　サ 平成　　シ 令和

p.185
❶打製石器　　❷日本列島　　❸骨角器　　❹稲作
❺青銅器　　❻金印　　❼239　　❽邪馬台国　　❾ヤマト王権
❿高句麗　　⓫前方後円墳　　⓬中国（中国の南朝）　　⓭渡来人
⓮538　　⓯仏教　　⓰蘇我　　⓱隋　　⓲聖徳太子
⓳冠位十二階　　⓴604　　㉑十七条の憲法　　㉒小野妹子
㉓法隆寺　　㉔618　　㉕唐　　㉖遣唐使　　㉗645
㉘中大兄皇子　　㉙大化の改新

p.186
❶大宝律令　　❷和同開珎　　❸710　　❹平城京　　❺古事記
❻風土記　　❼日本書紀　　❽三世一身（の）法　　❾聖武天皇
❿743　　⓫公地公民　　⓬大仏　　⓭天平　　⓮万葉集
⓯長岡京　　⓰794　　⓱桓武天皇　　⓲坂上田村麻呂
⓳天台宗　　⓴空海　　㉑摂関　　㉒894　　㉓遣唐使
㉔平将門　　㉕源氏物語　　㉖藤原道長　　㉗院政
㉘保元の乱　　㉙1159　　㉚平清盛　　㉛太政大臣

p.187
❶源頼朝　　❷源（木曽）義仲　　❸源義経　　❹壇ノ浦
❺地頭　　❻1192　　❼征夷大将軍　　❽執権　　❾承久の乱
❿北条泰時　　⓫元　　⓬文永の役　　⓭（永仁の）徳政令
⓮1333　　⓯新田義貞　　⓰建武の新政　　⓱吉野　　⓲1338
⓳足利尊氏　　⓴倭寇　　㉑明　　㉒足利義満　　㉓1392
㉔南北朝　　㉕金閣　　㉖勘合　　㉗土一揆　　㉘1467
㉙応仁の乱　　㉚国一揆　　㉛加賀　　㉜足利義政
㉝ポルトガル人　　㉞フランシスコ＝ザビエル　　㉟1560
㊱織田信長　　㊲（比叡山）延暦寺　　㊳室町幕府

p.188
❶武田　　❷安土城　　❸1582　　❹本能寺　　❺太閤検地
❻大阪城　　❼キリスト教　　❽刀狩　　❾1590　　❿北条
⓫文禄の役　　⓬関ヶ原の戦い　　⓭1603　　⓮徳川家康
⓯日本町　　⓰大阪冬の陣　　⓱豊臣　　⓲武家諸法度
⓳禁中並公家諸法度　　⓴参勤交代
㉑島原の乱（島原・天草一揆）　　㉒1639　　㉓ポルトガル
㉔出島　　㉕鎖国　　㉖慶安のお触書　　㉗徳川綱吉
㉘長崎新令　　㉙1716　　㉚徳川吉宗　　㉛目安箱
㉜公事方御定書　　㉝田沼意次

p.189
❶解体新書　　❷林子平　　❸松平定信　　❹ラクスマン
❺古事記伝　　❻間宮林蔵　　❼1825　　❽打払
❾大塩平八郎　　❿渡辺崋山　　⓫天保　　⓬1853
⓭ペリー　　⓮和親　　⓯修好通商　　⓰吉田松陰
⓱井伊直弼　　⓲長州　　⓳薩長同盟　　⓴徳川慶喜
㉑王政復古の大号令　　㉒戊辰　　㉓五箇条の御誓文　　㉔江戸
㉕1869　　㉖版籍奉還　　㉗廃藩置県　　㉘士農工商
㉙福沢諭吉　　㉚学制　　㉛鉄道　　㉜太陽暦

p.190
❶1873　　❷徴兵令　　❸地租　　❹板垣退助　　❺自由民権
❻日朝修好条規　　❼1877　　❽西南戦争　　❾自由
❿大隈重信　　⓫内閣　　⓬坪内逍遙　　⓭浮雲　　⓮1889
⓯大日本帝国憲法　　⓰衆議院　　⓱帝国議会　　⓲田中正造
⓳1894　　⓴日清　　㉑北里柴三郎　　㉒下関　　㉓三国干渉
㉔豊田佐吉　　㉕赤痢菌　　㉖八幡製鉄所　　㉗日英同盟
㉘1904　　㉙日露　　㉚ポーツマス　　㉛1914
㉜第一次世界大戦　　㉝ロシア

p.191
❶米騒動　　❷原敬　　❸ドイツ　　❹国際連盟
❺全国水平社　　❻関東大震災　　❼1925　　❽治安維持
❾普通選挙　　❿満州事変　　⓫1933　　⓬1937
⓭日中　　⓮第二次世界大戦　　⓯日独伊　　⓰1941
⓱ハワイ　　⓲イタリア　　⓳学徒出陣　　⓴集団（学童）疎開
㉑沖縄　　㉒ドイツ　　㉓原子爆弾（原爆）　　㉔ポツダム
㉕国際連合　　㉖日本国憲法　　㉗6・3・3・4　　㉘朝鮮
㉙1951　　㉚サンフランシスコ　　㉛日米安全保障
㉜1956　　㉝日ソ共同宣言　　㉞1960

p.192
❶東京オリンピック　　❷佐藤栄作　　❸日韓基本　　❹1968
❺日米安全保障　　❻日本万国博覧会　　❼沖縄
❽日中共同声明　　❾石油危機（オイルショック）
❿日中平和友好　　⓫1979　　⓬1983　　⓭JR
⓮平成　　⓯消費税　　⓰1990
⓱国連平和維持活動（PKO）協力　　⓲1993　　⓳阪神・淡路
⓴1996　　㉑1999　　㉒1府12省庁　　㉓小泉純一郎

p.193
❶日朝首脳　　❷イラク　　❸裁判員　　❹郵政民営化関連
❺防衛　　❻鳩山由紀夫　　❼東日本　　❽福島第一　　❾復興
❿安倍晋三　　⓫キューバ　　⓬イギリス　　⓭トランプ
⓮米朝　　⓯令和　　⓰消費税　　⓱EU
⓲新型コロナウイルス　　⓳バイデン　　⓴東京オリンピック
㉑北京　　㉒ウクライナ　　㉓西九州新幹線

啓明舎が紡ぐ　日本の歴史 さくいん

参考文献

「新詳日本史図説」　浜島書店

「資料による　新しい歴史」　浜島書店

「Ｓｔｏｒｙ　日本の歴史　古代・中世・近世史編」　日本史教育研究会編　山川出版社

「Ｓｔｏｒｙ　日本の歴史　近現代史編」　日本史教育研究会編　山川出版社

「すぐわかる　日本の歴史」　小和田哲男監修　東京美術

「世界史から見た日本の歴史38話」　歴史教育者協議会編　文英堂

「大系日本の歴史」1～15　小学館

「日本史のなかの世界史」　北脇洋子著　三一書房

「日本の歴史をよみなおす」　網野善彦著　筑摩書房

「続・日本の歴史をよみなおす」　網野善彦著　筑摩書房

「火縄銃から黒船まで」　奥村正二著　岩波書店

「大江戸生活事情」　石川英輔著　講談社

「詳説　日本史研究」　五味文彦・高埜利彦・鳥海靖編　山川出版社

「日本民衆と部落の歴史」　久保井規夫著　明石書店

「これならわかる日本の歴史Ｑ＆Ａ」　加藤文三・市川真一・石井郁男著　大月書店

「新版　日本史辞典」　角川書店

「読める年表　日本史」　自由国民社

「日本交通史」児玉幸多編　吉川弘文館

「中世の再発見」網野善彦・阿部謹也著　平凡社

出典 〈掲載写真資料所蔵・提供・協力一覧〉

●東京国立博物館　Image: TNM Image Archives…P8打製石器、P27鑑真和上坐像、P76幕末江戸市中騒動図部分、P86日本国図

●国立文化財機構所蔵品総合検索システム…P10弥生土器、P40源氏物語絵色紙帖　若紫、P43男衾三郎絵詞、犬追物図屏風、P58秋冬山水図、P83菱川師宣『見返り美人図』、P.85富嶽三十六景__神奈川沖浪裏、東海道五十三次__日本橋、P120黒田清輝『湖畔』

●「国（文化庁保管）」画像提供：島根県教育庁埋蔵文化財調査センター…P10銅たく、銅剣、銅矛

●福岡市博物館　画像提供：福岡市博物館/DNPartcom…P11漢委奴国王の金印

●PPS通信社…P12大仙陵古墳、P58沖縄・守礼門、姫路城、P96五稜郭

●法隆寺　飛鳥園提供…P16法隆寺金堂の釈迦三尊像

●時事通信フォト…P16法隆寺(全景)

●薬師寺…P20薬師寺東塔

●「国（文部科学省所管）」明日香村教育委員会協力・便利堂提供…P20高松塚古墳壁画

●正倉院正倉…P27正倉院

●正倉院宝物…P27五絃琵琶

●毎日新聞社…P27唐招提寺金堂、P114鹿鳴館、P129大正・米騒動で焼打された岡山の精米会社、P130関東大震災、P134大震災で折れた浅草十二階、P135関東大震災で被害を受けた横浜、P143ヤルタ会談、P145疎開する学童たち、P150ダグラス・マッカーサーと昭和天皇、P153サンフランシスコ平和条約、P175東日本大震災　宮古市を襲う津波

●唐招提寺　画像提供：東京国立博物館　Image: TNM Image Archives…P27鑑真和上坐像/毎日新聞社提供、P27唐招提寺金堂

●広島県…P38厳島神社

●Artefactory…P146沖縄・ひめゆりの塔、原爆ドーム、P166ベルリンの壁崩壊

●国立歴史民俗博物館…P39十二単、P40寝殿造、P43武士の館

●平等院…P40平等院鳳凰堂

●毛呂山町歴史民俗資料館…P43やぶさめ

●アート・エフ…P46東大寺南大門、円覚寺の舎利殿、P58慈照寺(銀閣、書院造)

●東大寺　公益財団法人美術院提供…P46東大寺金剛力士像(吽形)

●宮内庁三の丸尚蔵館…P47蒙古襲来絵詞部分、P64狩野永徳筆　『唐獅子図屏風』部分

●等持院…P48足利尊氏公木像

●東京大学史料編纂所…P52後醍醐天皇画像(東京大学史料編纂所所蔵模写)、P53倭寇図巻

●鹿苑寺…P57金閣

●国立国会図書館…P69Nippon(踏絵のようす)、P80摂津名所図会(蔵屋敷、伊丹の酒造業)、P103上州富岡製糸場之図

●長崎歴史文化博物館…P70長崎・出島(出島図)

●神戸市立博物館　Photo:Kobe City Museum/DNPartcom…P70朝鮮通信使来朝図、P79樽廻船模型、P85解体新書

●写真AC：P73シジミ、茗荷

●山形県…P78紅花

●田原市博物館…P81寺子屋

●日光東照宮…P82日光東照宮陽明門

●国立国会図書館ウェブサイト…P95西郷隆盛(近代日本人の肖像)、大久保利通(近代日本人の肖像)、坂本龍馬(近代日本人の肖像)、木戸孝允(近代日本人の肖像)、P108板垣退助(近代日本人の肖像)、P151日本国憲法(官報号外)「日本国憲法の誕生」

●鉄道博物館…P98「150形式蒸気機関車　車号150」

●マスプロ美術館…P106東京名所之内銀座通煉瓦造鉄道馬車往復図

●東京大学法学部附属明治新聞雑誌文庫…P108絵入り自由新聞(政治運動の取りしまり)

●美術同人社…P111ビゴー筆「選挙の日」『国会議員之本』(明治の選挙の様子)、P115ビゴー筆「ノルマントン号事件」

●早稲田大学図書館…P115於鹿鳴館貴婦人慈善會之圖(鹿鳴館の様子)

●新井雅之…P124足尾銅山　画像提供：栃木県立文書館

●日本近代文学館…P133『赤い鳥』第1巻第6号

●朝日新聞社…P158日中共同声明、P169地震で崩れた名神高速道路

●東芝未来科学館…P161三種の神器(洗濯機・冷蔵庫・白黒テレビ)、P162新三種の神器(カラーテレビ・クーラー)

●トヨタ博物館…P162新三種の神器(カー)

●ロイター/アフロ…P172テロにより炎上する貿易センタービル

●AFP＝時事…新型コロナ

●dpa/時事通信フォト…P181東京2020オリンピック

●SPUTNIK/時事通信フォト…P184ウクライナの都市

表紙出典

●福岡市博物館　画像提供：福岡市博物館/DNPartcom…漢委奴国王の金印

●平等院…平等院鳳凰堂

●マスプロ美術館…東京名所之内銀座通煉瓦造鉄道馬車往復図

■編著
啓明館（けいめいかん）
　本書『日本の歴史』は、1984年に設立された中学受験専門塾「啓明舎」で作成されたオリジナルテキストです。
　啓明舎は1学年150名程度の小規模塾ながら、難関校への進学実績と、高品質なオリジナル教材へのこだわりでは定評がありました。
　2009年に大手予備校「さなるグループ」の傘下に入り、2020年に「啓明館」と名称変更。都内では文京区小石川と新宿に校舎を構え、多くの生徒が通う屈指の人気塾となっています。
　啓明舎（啓明館）が作成したテキストは本書を含む社会の『啓明館が紡ぐ』シリーズ、国語の『読解』シリーズ（いずれも「みらい」刊）・『秘伝の算数』（東京出版）・『新しい教養のための理科』（誠文堂新光社）の4教科いずれも、中学受験におけるバイブルとして多くの塾や家庭で愛読され、版を重ね続けています。
啓明館ホームページ　https://www.keimeikan.co.jp/

■執筆
啓明館社員一同

啓明館が紡ぐ　中学入試　日本の歴史【第2版】

2019年8月1日　初　版　発　行
2023年8月1日　第2版第1刷発行

監　修　　　啓明館
編　著　　　（株）さなる　教材研究室
発行者　　　荻原太志
発行所　　　株式会社 みらい
　　　　　　〒500-8137　岐阜市東興町40番地第5澤田ビル
　　　　　　　　（代　表）　電話 058-247-1227
　　　　　　　　https://www.mirai-inc.jp/
印刷・製本　サンメッセ株式会社

ISBN978-4-86015-595-7

啓明館の本

社会
「中学入試」
（みらい）
好評発売中

日本の歴史【第2版】

日本の地理【第4版】

現代社会【第4版】

国語
「小学国語」
（みらい）
好評発売中

ことばの学習
（小学3年生より）

読解の基礎
（3～5年向け）

読解の応用
（4～6年向け）

読解の完成
（5～6年向け）

算数
「秘伝の算数」
（東京出版）
好評発売中

入門編（4・5年用）

応用編（5・6年用）

発展編（6年・受験用）

理科
「教養のための理科」
（誠文堂新光社）
好評発売中

基礎編

応用編 Ⅰ

応用編 Ⅱ

受験編